本書の特色と使い方

ゆっくりていねいに、段階を追った学習ができます。
支援学級などでの個別指導にも最適です。

・問題量に配慮した、ゆったりとした紙面構成で、読み書きが苦手な子どもでも、ゆっくりていねいに段階を追って学習することができます。
・漢字が苦手な子どもでも学習意欲が減退しないように、問題文の全ての漢字にふりがなを記載しています。

光村図書国語教科書から抜粋した詩・物語・説明文教材、ことば・文法教材の問題を掲載しています。

・教科書掲載教材を使用して、授業の進度に合わせて予習・復習ができます。

どの子も理解できるよう、文章読解を支援する工夫をしています。

・長い文章の読解問題の場合は、読みとりやすいように、問題文を二つなどに区切って、問題文と設問に1、2…と番号をつけ、短い文章から読みとれるよう配慮しました。
・読解のワークシートでは、設問の中で着目すべき言葉に傍線（サイドライン）を引いておきました。
・記述解答が必要な設問については、答えの一部をあらかじめ解答欄に記載しておきました。

学習意欲をはぐくむ工夫をしています。

・解答欄をできるだけ広々と書きやすいよう配慮しています。
・内容を理解するための説明イラストなども多数掲載しています。イラストは色塗りなども楽しめます。

※**ワークシートの解答例について（お家の方や先生方へ）**
本書の解答は、あくまでもひとつの「解答例」です。お子さまに取り組ませる前に、必ず指導される方が問題を解いてください。指導される方の作られた解答をもとに、お子さまの多様な考えに寄り添って○つけをお願いします。

ゆっくり　ていねいに学べる

国語教科書支援ワーク

（光村図書の教材より抜粋）

もくじ　5－①

銀河《ぎんが》

● 次《つぎ》の詩《し》を二回《にかい》読《よ》んで、答《こた》えましょう。

名前

銀河《ぎんが》

あの遠《とお》い空《そら》にひとすじ、
星《ほし》たちが、
ぶつかり合《あ》い、重《かさ》なり合《あ》い、
河《かわ》のように光《ひか》っている「銀河《ぎんが》」。
牛乳《ぎゅうにゅう》をこぼしたようにも見《み》えるから、
「乳《ちち》の道《みち》」とも言《い》うそうだ。
どっちもいい名前《なまえ》だなあ。

（令和二年度版　光村図書　国語五　銀河　羽曽部《はそべ》　忠《ただし》）

(1) 「銀河《ぎんが》」は、どこに見《み》えていますか。

あの　　　　　　。

(2) 「銀河《ぎんが》」は、星《ほし》たちがどのようにして光《ひか》っているものだといっていますか。

　　　　合《あ》い、　　　　合《あ》い、　　　　のように光《ひか》っている。

(3) 「銀河《ぎんが》」のことを「乳《ちち》の道《みち》」とも言《い》うのは、どうしてですか。
(習《なら》っていない言葉《ことば》はひらがなで書《か》きましょう。)

(4) 作者《さくしゃ》の思《おも》っていることが表《あらわ》れている一行《いちぎょう》を書《か》き出《だ》しましょう。

かんがえるのって　おもしろい

名前

● 次《つぎ》の詩《し》を二《に》回《かい》読《よ》んで、答《こた》えましょう。

かんがえるのって　おもしろい

谷川《たにかわ》　俊太郎《しゅんたろう》

㋐かんがえるのって　おもしろい
どこかとおくへ　いくみたい
しらないけしきが　みえてきて
そらのあおさが　ふかくなる
このおかのうえ　このきょうしつは
みらいにむかって　とんでいる

なかよくするって　ふしぎだね
㋑けんかするのも　いいみたい
しらないきもちが　かくれてて
まえよりもっと　すきになる
このおかのうえ　このがっこうは
みんなのちからで　そだってく

（令和二年度版　光村図書　国語五　銀河　谷川　俊太郎）

(1) ㋐かんがえるのって　おもしろいとありますが、「かんがえる」ことをどのようなことに例《たと》えていますか。

【　　】へ
いくこと。

(2) 「とおくへいく」と、どうなるといっていますか。

【　　】が
みえてきて
そらのあおさが【　　】なる

(3) ㋑けんかするのも　いいみたいとありますが、どんないいことがあるといっていますか。詩《し》の中《なか》の二行《にぎょう》を書《か》き出《だ》しましょう。

(4) このおかの上《うえ》の学校《がっこう》は、何《なに》によって育《そだ》っていくといっていますか。詩《し》の中《なか》の言葉《ことば》七文字《しちもじ》で答《こた》えましょう。

なまえつけてよ　(1)

名前

● 教科書《きょうかしょ》の「なまえつけてよ」の全文《ぜんぶん》を読《よ》んだ後《あと》、次《つぎ》の文章《ぶんしょう》を二回《にかい》読《よ》んで、答《こた》えましょう。

1

春花《はるか》は、学校《がっこう》の帰《かえ》り道《みち》、牧場《ぼくじょう》のおばさんから生《う》まれたばかりの子馬《こうま》の名前《なまえ》をつけてと言《い》われ、あしたまでに考《かんが》えてくると約束《やくそく》した。

夜《よる》、ふとんにもぐりこんでからも、春花《はるか》は一生《いっしょう》けんめい考《かんが》えた。あの子馬《こうま》に似合《にあ》う名前《なまえ》をつけたい。

㋐子馬《こうま》の特徴《とくちょう》を思《おも》いうかべてみる。

クッキーのような、おいしそうな色《いろ》。くりくりとした丸《まる》い目《め》。ふっさりとしたしっぽ。

今《いま》はまだ子《こ》どもだけれど、大《おお》きくなったら風《かぜ》のように走《はし》る馬《うま》になってほしい。㋑そんな願《ねが》いがわいてくる。

2

考《かんが》えているうちに、春花《はるか》の心《こころ》に、一《ひと》つの名前《なまえ》がうかんできた。心《こころ》の中《なか》で、子馬《こうま》につけた名前《なまえ》をよんでみる。㋒春花《はるか》は、安心《あんしん》してねむりに落《お》ちた。

（令和二年度版　光村図書　国語五　銀河　蜂飼《はちかい》　耳《みみ》）

1

(1) 春花《はるか》は、一生《いっしょう》けんめい何《なに》を考《かんが》えましたか。文中《ぶんちゅう》の言葉《ことば》で答《こた》えましょう。

子馬《こうま》に［　　　　］名前《なまえ》。

(2) 春花《はるか》が㋐子馬《こうま》の特徴《とくちょう》として思《おも》いうかべたものは子馬《こうま》の何《なに》についてでしたか。三《みっ》つ選《えら》んで○をつけましょう。

（　）食《た》べ物《もの》　（　）体《からだ》の色《いろ》

（　）口《くち》　（　）目《め》

（　）しっぽ　（　）走《はし》り方《かた》

(3) ㋑そんな願《ねが》いとは、どんな願《ねが》いですか。

大《おお》きくなったら［　　　　］になってほしい。

2

㋒春花《はるか》は、…落《お》ちた。とありますが、春花《はるか》が安心《あんしん》してねむったのは、なぜですか。○をつけましょう。

（　）心《こころ》の中《なか》に、かわいい子馬《こうま》のすがたを思《おも》いうかべたから。

（　）子馬《こうま》に似合《にあ》う名前《なまえ》を考《かんが》えついたから。

なまえつけてよ (2)

名前

● 次《つぎ》の文章《ぶんしょう》を二回《にかい》読んで、答《こた》えましょう。

1

〔春花《はるか》は、考《かんが》えた子馬《こうま》の名前《なまえ》を、勇太《ゆうた》と陸《りく》に「明日《あす》、牧場《ぼくじょう》のところに来《き》たら教《おし》える」と約束《やくそく》していた。〕

次《つぎ》の日《ひ》の放課後《ほうかご》、牧場《ぼくじょう》のさくのそばへ行《い》くと、前《まえ》の日《ひ》と同《おな》じところに子馬《こうま》がいた。春花《はるか》は、子馬《こうま》をながめながら待《ま》った。もしかして、勇太《ゆうた》は来《こ》ないかもしれないな。なめらかなたてがみ。真《ま》っ黒《くろ》な目《め》。㋐時間《じかん》がいつもよりゆっくりと流《なが》れていく。

※たてがみ…馬《うま》の首《くび》の後《うし》ろに生《は》えている、ふさふさとした長《なが》い毛《け》。

2

「おうい、来《き》たよ。」陸《りく》の声《こえ》がした。急《いそ》ぐ陸《りく》の後《うし》ろから来《く》るのは、勇太《ゆうた》だ。

風《かぜ》がさあっとふきぬけた。子馬《こうま》はぴくぴくと耳《みみ》を動《うご》かした。

※ふきぬけた…通《とお》りすぎた。

（令和二年度版　光村図書　国語五　銀河　蜂飼《はちかい》　耳《みみ》）

1

(1) 次《つぎ》の日《ひ》の放課後《ほうかご》、春花《はるか》はどんなことを考《かんが》えながら、勇太《ゆうた》を待《ま》っていますか。春花《はるか》の思《おも》いが書《か》かれた一文《いちぶん》を書《か》き出《だ》しましょう。

〔　　　〕

(2) ㋐時間《じかん》がいつもよりゆっくりと流《なが》れていく。とは、どういうことを表《あらわ》していますか。○をつけましょう。

（　）本当《ほんとう》に時間《じかん》の進《すす》み方《かた》がおそくなったこと。

（　）春花《はるか》が勇太《ゆうた》を待《ま》っている時間《じかん》を長《なが》いと感《かん》じているということ。

2

(1) 「おうい、来《き》たよ。」と言《い》ったのは、だれですか。○をつけましょう。

（　）勇太《ゆうた》

（　）陸《りく》

(2) 陸《りく》と勇太《ゆうた》が来《き》たとき、風《かぜ》はどうなりましたか。

〔　　　〕

なまえつけてよ (3)

名前

● 次《つぎ》の文章《ぶんしょう》を二回《にかい》読《よ》んで、答《こた》えましょう。

1

勇太《ゆうた》はきいた。
あ「名前《なまえ》、なんてつけるんだ。」
ちょうどそのとき、
牧場《ぼくじょう》のおばさんが建物《たてもの》から
出《で》てきた。
い「あらあら、みんな、
来《き》てたのね。」
う「子馬《こうま》の名前《なまえ》――。」
春花《はるか》が言《い》いかけると、
おばさんはあわてた。

2

「ごめんね、そのことなんだけど。
あのね、その子馬《こうま》、よそに
もらわれることになったの。
急《きゅう》に決《き》まったのよ。だから、
名前《なまえ》も、行《い》った先《さき》でつけられる
ことになったの。たのんだのに、
㋐ごめんなさいね。」

（令和二年度版　光村図書　国語五　銀河　蜂飼《はちかい》　耳《みみ》）

1

(1) あ、い、うの言葉《ことば》を言《い》ったのは、それぞれだれですか。

あ

い

う

(2) 春花《はるか》は何《なに》を言《い》いかけましたか。

2

(1) ㋐ごめんなさいね。とありますが、牧場《ぼくじょう》のおばさんは、どんなことをあやまりましたか。○をつけましょう。

（　）子馬《こうま》がよそに行《い》ってしまうこと。
（　）春花《はるか》が子馬《こうま》の名前《なまえ》をつけられなくなったこと。

(2) 春花《はるか》が子馬《こうま》の名前《なまえ》をつけられなくなったのは、なぜですか。

子馬《こうま》の名前《なまえ》は、［　　　］ことになったから。

なまえつけてよ (4)

名前

● 次《つぎ》の文章《ぶんしょう》を二回《にかい》読《よ》んで、答《こた》えましょう。

1

〔牧場《ぼくじょう》のおばさんは、子馬《こうま》がよそにもらわれることになり、名前《なまえ》は行《い》った先《さき》でつけられることになったと、春花《はるか》たちに説明《せつめい》した。〕

春花《はるか》は、だまったまま、さくからつき出《で》た子馬《こうま》の鼻《はな》にさわってみた。子馬《こうま》の鼻《はな》は、ほんのりと温《あたた》かく、しめっている。

㋐「がっかりさせちゃったね。せっかく考《かんが》えてくれた名前《なまえ》、教《おし》えてくれる。」

2

「いいんです——。それなら、㋐しかたないですね。」

春花《はるか》は、子馬《こうま》の鼻《はな》にふれたまま、明《あか》るい声《こえ》でそう答《こた》えた。

勇太《ゆうた》と陸《りく》は、何《なに》も言《い》わない。

二人《ふたり》とも、こまったような顔《かお》をして、春花《はるか》の方《ほう》をじっと見《み》ていた。

※しかたない…どうにもならない。

（令和二年度版　光村図書　国語五　銀河　蜂飼《はちかい》　耳《みみ》）

1

(1) 子馬《こうま》の名前《なまえ》がつけられないと分《わ》かったときの、春花《はるか》の行動《こうどう》が分《わ》かる一文《いちぶん》を書《か》き出《だ》しましょう。

(2) ㋐の言葉《ことば》を言《い》ったのは、だれですか。○をつけましょう。

（　）春花《はるか》

（　）牧場《ぼくじょう》のおばさん

2

(1) ㋐しかたないとは、何《なに》が「しかたない」と春花《はるか》は言《い》ったのですか。○をつけましょう。

（　）名前《なまえ》をつけられなくなったこと。

（　）子馬《こうま》がいなくなること。

(2) 春花《はるか》が明《あか》るい声《こえ》で「しかたない」と答《こた》える様子《ようす》を見《み》て、勇太《ゆうた》と陸《りく》は、どうしましたか。二《ふた》つ書《か》きましょう。

なまえつけてよ (5)

名前

● 次《つぎ》の文章《ぶんしょう》を二回《にかい》読《よ》んで、答《こた》えましょう。

1

〔子馬《こうま》の名前《なまえ》をつけることができなくなった春花《はるか》は、考《かんが》えてきた子馬《こうま》の名前《なまえ》をみんなに言《い》わなかった。〕

次《つぎ》の日《ひ》。昼休《ひるやす》みに、春花《はるか》はろう下《か》で勇太《ゆうた》とすれちがった。㋐そのときだった。春花《はるか》はそっと何《なに》かをわたされた。わたすと、勇太《ゆうた》は急《いそ》いで行《い》ってしまった。

2

㋑受《う》け取《と》ったものを見《み》て、春花《はるか》は、はっとした。紙《かみ》で折《お》った小《ちい》さな馬《うま》。不格好《ぶかっこう》だけれど、たしかに馬《うま》だ。ひっくり返《かえ》してみると、ペンで㋒何《なに》か書《か》いてある。

なまえつけてよ。

らんぼうなぐらいに元気《げんき》のいい字《じ》が、おどっている。

勇太《ゆうた》って、こんなところがあるんだ。

※はっとする…予想《よそう》しなかったことにおどろくようす。

（令和二年度版　光村図書　国語五　銀河　蜂飼《はちかい》　耳《みみ》）

1

(1) いつの出来事《できごと》ですか。

(2) ㋐そのときとは、どんなときですか。

春花《はるか》が、ろう下《か》で［　　］と［　　］とき。

2

(1) 春花《はるか》が勇太《ゆうた》から㋑受《う》け取《と》ったものとは、何《なん》でしたか。文中《ぶんちゅう》の一文《いちぶん》で答《こた》えましょう。

(2) 書《か》いてあった㋒何《なに》かとは、どんな言葉《ことば》でしたか。

(3) 春花《はるか》は、勇太《ゆうた》がくれたものを見《み》て、勇太《ゆうた》のことをどのように思《おも》いましたか。○をつけましょう。

（　）折《お》り紙《がみ》で上手《じょうず》に馬《うま》を作《つく》ったことにおどろいて見直《みなお》した。

（　）春花《はるか》のために紙《かみ》の馬《うま》を作《つく》ってくれたことにおどろいて見直《みなお》した。

本《ほん》は友達《ともだち》

図書館《としょかん》を使《つか》いこなそう

名前

教科書《きょうかしょ》の「図書館《としょかん》を使《つか》いこなそう」を読《よ》んで、答《こた》えましょう。

(1) 多《おお》くの図書館《としょかん》では、本《ほん》は、「日本十進分類法《にほんじっしんぶんるいほう》」にしたがって分《わ》けられ、たなに整理《せいり》されています。㋐～㋒のことについて図書館《としょかん》で調《しら》べるとき、「日本十進分類法《にほんじっしんぶんるいほう》」の表《ひょう》にある0～9の中《なか》で、どの番号《ばんごう》のたなをさがせばよいでしょうか。番号《ばんごう》で答《こた》えましょう。

㋐ 海《うみ》の生《い》き物《もの》の図《ず》かん。 □

㋑ 外国《がいこく》の物語《ものがたり》の本《ほん》。 □

㋒ サッカーのルールの本《ほん》。 □

●日本十進分類法《にほんじっしんぶんるいほう》

番号《ばんごう》	内容《ないよう》
0	調《しら》べるための本《ほん》（百科事典《ひゃっかじてん》，新聞《しんぶん》など）
1	ものの考《かんが》え方《かた》や心《こころ》についての本《ほん》
2	昔《むかし》のことや　ちいきの本《ほん》
3	社会《しゃかい》の仕組《しく》みの本《ほん》
4	自然《しぜん》に関《かか》わる本《ほん》（星《ほし》・天気《てんき》・動物《どうぶつ》・植物《しょくぶつ》など）
5	技術《ぎじゅつ》や機械《きかい》の本《ほん》（建物《たてもの》・電気《でんき》・船《ふね》など）
6	いろいろな仕事《しごと》の本《ほん》
7	芸術《げいじゅつ》（絵《え》・音楽《おんがく》など）や　スポーツの本《ほん》
8	言葉《ことば》の本《ほん》（日本語《にほんご》・外国語《がいこくご》など）
9	文学《ぶんがく》の本《ほん》（物語《ものがたり》・詩《し》など）

※日本十進分類法《にほんじっしんぶんるいほう》 … 日本《にほん》で考《かんが》えられた図書資料《としょしりょう》の分類方法《ぶんるいほうほう》。

※分類《ぶんるい》 … 内容《ないよう》や種類《しゅるい》によって，グループに分《わ》けること。

(2) 読《よ》みたい本《ほん》をさがすときや、何《なに》かを調《しら》べるときの方法《ほうほう》としてあてはまるものを、二《ふた》つ選《えら》んで○をつけましょう。

（　）馬《うま》が登場《とうじょう》する物語《ものがたり》をさがすとき、「自然《しぜん》に関《かか》わる本《ほん》」のたなをさがせばよい。

（　）電車《でんしゃ》をテーマに、電車《でんしゃ》の種類《しゅるい》やつくり、電車《でんしゃ》に関《かか》わる仕事《しごと》などについて広《ひろ》く調《しら》べたいとき、二《ふた》つ以上《いじょう》のたなでさがすとよい。

（　）知《し》りたい情報《じょうほう》が書《か》かれた本《ほん》が見《み》つからないときは、百科事典《ひゃっかじてん》から情報《じょうほう》をえたり、司書《ししょ》の先生《せんせい》にたずねたりなど、他《ほか》の方法《ほうほう》もある。

漢字《かんじ》の成《な》り立《た》ち (1)

名前

教科書《きょうかしょ》の「漢字《かんじ》の成《な》り立《た》ち」を読《よ》んで、答《こた》えましょう。

● 漢字《かんじ》の成《な》り立《た》ちには、大《おお》きく分《わ》けて、次《つぎ》の四《よっ》つのものがあります。同《おな》じ成《な》り立《た》ちの漢字《かんじ》を□から選《えら》んで□に書《か》きましょう。

① 目《め》に見《み》える物《もの》の形《かたち》を、具体的《ぐたいてき》にえがいたもの。

例《れい》  ↓  ↓ 魚

□

② 目《め》に見《み》えない事《こと》がらを、印《しるし》や記号《きごう》を使《つか》って表《あらわ》したもの。

例《れい》  ↓ 丄 ↓ 上

□

③ 漢字《かんじ》の意味《いみ》を組《く》み合《あ》わせたもの。

例《れい》 鳥《とり》 と 口《くち》 ↓ 鳴

□

④ 音《おん》を表《あらわ》す部分《ぶぶん》と、意味《いみ》を表《あらわ》す部分《ぶぶん》を組《く》み合《あ》わせたもの。

例《れい》
早…音《おん》を表《あらわ》す部分《ぶぶん》
艹…意味《いみ》を表《あらわ》す部分《ぶぶん》
↓ 草

□

下・林
花・馬

①～④の成《な》り立《た》ちでできている漢字《かんじ》を、それぞれ
① 象形文字（しょうけいもじ）
② 指事文字（しじもじ）
③ 会意文字（かいいもじ）
④ 形声文字（けいせいもじ）
とよびます。

漢字《かんじ》の成《な》り立《た》ち (2)

名前

(1) 次《つぎ》のような物《もの》の形《かたち》から、どんな漢字《かんじ》ができましたか。□から選《えら》んで□に書《か》きましょう。

耳・雨・馬・鳥

①
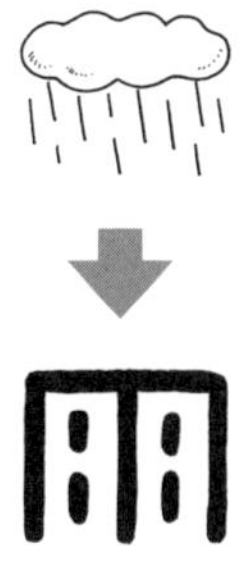
□

②
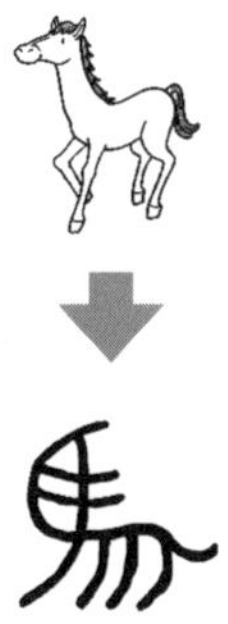
□

③

□

④

□

(2) 次《つぎ》の図形《ずけい》や記号《きごう》から、どんな漢字《かんじ》ができましたか。□から選《えら》んで□に書《か》きましょう。

本・三

①

□

②

□

(3) 次《つぎ》の二《ふた》つの漢字《かんじ》を組《く》み合《あ》わせて、どんな漢字《かんじ》ができましたか。□から選《えら》んで□に書《か》きましょう。

休・男

① 人《ひと》と木《き》 → □

② 田《た》と力《ちから》 → □

漢字《かんじ》の成《な》り立《た》ち　(3)

名前

● 漢字《かんじ》の成《な》り立《た》ちで最《もっと》も多《おお》いのは、音《おん》を表《あらわ》す部分《ぶぶん》と、意味《いみ》を表《あらわ》す部分《ぶぶん》を組《く》み合《あ》わせてできた字《じ》です。そのようにしてできた次《つぎ》の漢字《かんじ》を、〈例《れい》〉にならって、音《おん》を表《あらわ》す部分《ぶぶん》と意味《いみ》を表《あらわ》す部分《ぶぶん》に分《わ》けて書《か》きましょう。

〈例《れい》〉

持《ジ》

音《おん》を表《あらわ》す部分《ぶぶん》　寺

意味《いみ》を表《あらわ》す部分《ぶぶん》　扌

「持」という漢字《かんじ》は、「寺」（ジ）の部分《ぶぶん》が音《おん》を表《あらわ》し、「扌」（てへん）の部分《ぶぶん》が意味《いみ》を表《あらわ》しているのじゃ。

① 時《ジ》

音《おん》を表《あらわ》す部分《ぶぶん》　□

意味《いみ》を表《あらわ》す部分《ぶぶん》　□

② 晴《セイ》

音《おん》を表《あらわ》す部分《ぶぶん》　□

意味《いみ》を表《あらわ》す部分《ぶぶん》　□

③ 校《コウ》

音《おん》を表《あらわ》す部分《ぶぶん》　□

意味《いみ》を表《あらわ》す部分《ぶぶん》　□

④ 花《カ》

音《おん》を表《あらわ》す部分《ぶぶん》　□

意味《いみ》を表《あらわ》す部分《ぶぶん》　□

⑤ 館《カン》

音《おん》を表《あらわ》す部分《ぶぶん》　□

意味《いみ》を表《あらわ》す部分《ぶぶん》　□

漢字《かんじ》の成《な》り立《た》ち (4)

名前

● 次《つぎ》の文中《ぶんちゅう》の——線《せん》の漢字《かんじ》は、音《おん》を表《あらわ》す部分《ぶぶん》と、意味《いみ》を表《あらわ》す部分《ぶぶん》を組《く》み合《あ》わせてできた字《じ》です。〈例《れい》〉にならって、音《おん》を表《あらわ》す部分《ぶぶん》と意味《いみ》を表《あらわ》す部分《ぶぶん》に分《わ》けて書《か》きましょう。

〈例《れい》〉 案内板《あんないばん》を見《み》る。

音《おん》を表《あらわ》す部分《ぶぶん》 反

意味《いみ》を表《あらわ》す部分《ぶぶん》 木

① 課題図書《かだいとしょ》を読《よ》む。

音《おん》を表《あらわ》す部分《ぶぶん》 □

意味《いみ》を表《あらわ》す部分《ぶぶん》 □

② 感想文《かんそうぶん》を書《か》く。

音《おん》を表《あらわ》す部分《ぶぶん》 □

意味《いみ》を表《あらわ》す部分《ぶぶん》 □

③ 今週《こんしゅう》、遠足《えんそく》がある。

音《おん》を表《あらわ》す部分《ぶぶん》 □

意味《いみ》を表《あらわ》す部分《ぶぶん》 □

④ 道具《どうぐ》の管理《かんり》をする。

音《おん》を表《あらわ》す部分《ぶぶん》 □

意味《いみ》を表《あらわ》す部分《ぶぶん》 □

⑤ 絵画《かいが》を見《み》る。

音《おん》を表《あらわ》す部分《ぶぶん》 □

意味《いみ》を表《あらわ》す部分《ぶぶん》 □

このような、音《おん》を表《あらわ》す部分《ぶぶん》と、意味《いみ》を表《あらわ》す部分《ぶぶん》の組《く》み合《あ》わせでできた漢字《かんじ》が、いちばんたくさんあります。

春《はる》の空《そら》 (1)

季節《きせつ》の言葉《ことば》1

（枕草子《まくらのそうし》　春《はる》）

名前

「枕草子《まくらのそうし》」は、約千年前《やくせんねんまえ》に、作者《さくしゃ》の清少納言《せいしょうなごん》が心《こころ》に感《かん》じたことを、自由《じゆう》に書《か》き記《しる》した作品《さくひん》です。清少納言《せいしょうなごん》は、この作品《さくひん》（枕草子《まくらのそうし》）の初《はじ》めに、四《よっ》つの季節《きせつ》それぞれについて、自分《じぶん》の思《おも》いをつづっています。

● 次《つぎ》の「枕草子《まくらのそうし》」の文章《ぶんしょう》を二回音読《にかいおんどく》し、意味《いみ》の文《ぶん》も読《よ》んで、答《こた》えましょう。

〈もとの文《ぶん》〉

春《はる》はあけぼの。
やうやう《(ようよう)》白《しろ》くなりゆく
山《やま》ぎは《(わ)》、すこしあかりて、
紫《むらさき》だちたる雲《くも》の
ほそくたなびきたる。

（意味《いみ》の文《ぶん》）

春《はる》は明《あ》け方《がた》がよい。だんだん
白《しろ》くなっていく山《やま》ぎわの空《そら》が、
少《すこ》し明《あか》るくなって、
紫《むらさき》がかった雲《くも》が
細《ほそ》くたなびいて
いるのがよい。

※たなびく…雲《くも》やかすみなどが、横《よこ》に（たなのように）細《ほそ》く長《なが》く引《ひ》いたようになる様子《ようす》。

（令和二年度版　光村図書　国語五　銀河「季節の言葉1　春の空」による）

(1) 声《こえ》に出《だ》して読《よ》むとき、次《つぎ》の言葉《ことば》は、何《なん》と読《よ》みますか。ひらがなで書《か》きましょう。

① やうやう

② 山ぎは

(2) 清少納言《せいしょうなごん》は、春《はる》の季節《きせつ》は、一日《いちにち》のうちのいつのころがよいといっていますか。（意味《いみ》の文《ぶん》）の言葉《ことば》を書《か》きましょう。

(3) (2)のことが書《か》いてある、「枕草子《まくらのそうし》」の最初《さいしょ》の一文《いちぶん》を〈もとの文《ぶん》〉から書《か》き出《だ》しましょう。

季節《きせつ》の言葉《ことば》1

春《はる》の空《そら》 (2)

名前

(1) 次《つぎ》の言葉《ことば》の意味《いみ》が完成《かんせい》するように、（　）にあてはまる言葉《ことば》を□から選《えら》んで書《か》きましょう。

① 花冷《はなび》え

（　　　　）の花《はな》のさくころ、急《きゅう》にきびしい寒《さむ》さがもどり、冷《ひ》えこむこと。

ひまわり　・　さくら

② うららか

空《そら》が晴《は》れて、日《ひ》が明《あか》るく照《て》り、（　　　　）な春《はる》の様子《ようす》のこと。

にぎやか　・　おだやか

③ 春風《はるかぜ》

春《はる》にふく、あたたかく、（　　　　）風《かぜ》のこと。

のどかな　・　はげしい

(2) 次《つぎ》の俳句《はいく》を読《よ》んで、答《こた》えましょう。

のどかさに寝《ね》てしまひ（い）けり草《くさ》の上《うえ》

松根《まつね》　東洋城《とうようじょう》

※のどか…空《そら》が晴《は》れて、おだやかでのんびりとしたようす。

（令和二年度版　光村図書　国語五　銀河「季節の言葉１　春の空」による）

① 五《ご》・七《しち》・五《ご》のリズムで読《よ》めるように、上《うえ》の俳句《はいく》を／線《せん》で区切《くぎ》りましょう。

② のどかな春《はる》の日《ひ》に、作者《さくしゃ》は何《なに》をしていますか。○をつけましょう。

（　）花見《はなみ》を楽《たの》しんでいる。

（　）草《くさ》の上《うえ》でねてしまっている。

きいて、きいて、きいてみよう (1)

名前

教科書《きょうかしょ》の「きいて、きいて、きいてみよう」を読《よ》んで、答《こた》えましょう。

(1) 「きき手《て》」「話《はな》し手《て》」「記録者《きろくしゃ》」の役《やく》わりに分《わ》かれて、三人《さんにん》でインタビューをし合《あ》います。①〜③の三《みっ》つの役《やく》わりの人《ひと》は、それぞれ何《なに》をする人《ひと》ですか。——線《せん》で結《むす》びましょう。

① きき手《て》 ・　　・ 二人《ふたり》のやり取《と》りを記録《きろく》する人《ひと》。

② 話《はな》し手《て》 ・　　・ インタビューに答《こた》える人《ひと》。

③ 記録者《きろくしゃ》 ・　　・ インタビューをする人《ひと》。

(2) 「きき手《て》」「話《はな》し手《て》」「記録者《きろくしゃ》」の役《やく》わりの人《ひと》は、それぞれどんなことに気《き》をつけるとよいですか。正《ただ》しいものを、それぞれ二《ふた》つずつ選《えら》んで○をつけましょう。

① 「きき手《て》」
- (　) きく前《まえ》に、話題《わだい》や質問《しつもん》を考《かんが》えておく。
- (　) いちばんききたいことを、はっきりさせておく。
- (　) 新《あら》たにききたいことが出《で》てきても、質問《しつもん》しない。

② 「話《はな》し手《て》」
- (　) きき手《て》が知《し》りたいことは何《なに》かを考《かんが》えて答《こた》える。
- (　) 質問《しつもん》とは関係《かんけい》なくても、自分《じぶん》が話《はな》したいことを話《はな》す。
- (　) 質問《しつもん》のねらいが分《わ》からないときは、きき返《かえ》す。

③ 「記録者《きろくしゃ》」
- (　) 聞《き》き取《と》れないときは、想像《そうぞう》して記録《きろく》する。
- (　) 二人《ふたり》のやり取《と》りを正確《せいかく》に聞《き》く。
- (　) 二人《ふたり》が話《はな》した要点《ようてん》をメモに書《か》きとめる。

きいて、きいて、きいてみよう (2)

名前

● 次《つぎ》の、インタビューの記録者《きろくしゃ》による報告《ほうこく》の文章《ぶんしょう》を読《よ》んで、問題《もんだい》に答《こた》えましょう。

「白石《しらいし》さんと野球《やきゅう》」について発表《はっぴょう》します。
白石《しらいし》さんは、一年生《いちねんせい》のころから野球《やきゅう》を始《はじ》めました。

①

白石《しらいし》さんには、野球《やきゅう》がもっとうまくなりたいという思《おも》いがあります。そのきっかけは、プロ野球《やきゅう》の選手《せんしゅ》に声《こえ》をかけてもらったことだそうです。いつかその選手《せんしゅ》といっしょにプレーができるように、今《いま》は練習《れんしゅう》がどんなに大変《たいへん》でも、がんばっているそうです。

②

インタビュー中《ちゅう》の白石《しらいし》さんの表情《ひょうじょう》は、いつも教室《きょうしつ》でみんなを楽《たの》しませてくれるときとはちがっていました。野球《やきゅう》の練習《れんしゅう》に一生《いっしょう》けんめい取《と》り組《く》んでいることが、とてもよく伝《つた》わってきました。

③

(1) 上《うえ》の文章《ぶんしょう》では、だれにインタビューをしたことが書《か》かれていますか。名前《なまえ》を書《か》きましょう。

[　　　　]

(2) 上《うえ》の文章《ぶんしょう》で、インタビューの中《なか》で話題《わだい》の中心《ちゅうしん》となったところが書《か》かれているのは、①〜③のどの部分《ぶぶん》ですか。記号《きごう》で答《こた》えましょう。

□

(3) 上《うえ》の文章《ぶんしょう》で、記録者《きろくしゃ》の感想《かんそう》が書《か》かれているのは、①〜③のどの部分《ぶぶん》ですか。記号《きごう》で答《こた》えましょう。

□

(4) ③の部分《ぶぶん》を読《よ》むと、記録者《きろくしゃ》は聞《き》いたことの他《ほか》に、どんなところに着目《ちゃくもく》していたことが分《わ》かりますか。○をつけましょう。

(　) 話《はな》し手《て》の表情《ひょうじょう》。
(　) 話《はなし》の長《なが》さ。

(令和二年度版　光村図書　国語五　銀河「きいて、きいて、きいてみよう」による)

見立《みた》てる（1）

名前

● 次《つぎ》の文章《ぶんしょう》を二回読《にかいよ》んで、答《こた》えましょう。

1

① わたしたちは、知《し》らず知《し》らずのうちに、「見立《みた》てる」という行為《こうい》をしている。ここでいう「見立《みた》てる」とは、あるものを別《べつ》のものとして見《み》るということである。㋐たがいに関係《かんけい》のない二《ふた》つを結《むす》び付《つ》けるとき、そこには想像力《そうぞうりょく》が働《はたら》いている。

※行為《こうい》…行動《こうどう》。人《ひと》の行《おこな》い。

2

② あや取《と》りを例《れい》に考《かんが》えてみよう。あや取《と》りでは、一本《いっぽん》のひもを輪《わ》にして結《むす》び、手《て》や指《ゆび》にかける。それを、一人《ひとり》で、ときには二《に》、三人《さんにん》で、取《と》ったりからめたりして形《かたち》を作《つく》る。そして、ひもが作《つく》り出《だ》した形《かたち》に名前《なまえ》がつけられる。これが、見立《みた》てるということだ。あや取《と》りで作《つく》った形《かたち》と、その名前《なまえ》でよばれている実在《じつざい》するものとが結《むす》び付《つ》けられたのである。

※実在《じつざい》するもの…本当《ほんとう》にあるもの。実物《じつぶつ》。

（令和二年度版　光村図書　国語五　銀河　野口《のぐち》　廣《ひろし》）

1

(1) 「見立《みた》てる」とは、ここではどうすることだと筆者《ひっしゃ》は述《の》べていますか。

あるものを［　］として［　］ということ。

(2) ㋐たがいに関係《かんけい》のない二《ふた》つを結《むす》び付《つ》けるとき、何《なに》が働《はたら》いていますか。

［　］

2

(1) あや取《と》りを例《れい》に考《かんが》えたとき、「見立《みた》てる」とは、どうすることですか。

ひもが作《つく》り出《だ》した［　］に［　］がつけられること。

(2) あや取《と》りの例《れい》では、結《むす》び付《つ》けられたのは、何《なに》と何《なに》ですか。

あや取《と》りで［　］と その名前《なまえ》でよばれている［　］。

見立《みた》てる (2)

● 次《つぎ》の文章《ぶんしょう》を二回《にかい》読《よ》んで、答《こた》えましょう。

名前

1

「見立《みた》てる」とは、あるものを別《べつ》のものとして見《み》るということである。あや取《と》りを例《れい》に考《かんが》えると、あや取《と》りのひもで作《つく》った形《かたち》に、名前《なまえ》がつけられる。これが、見立《みた》てるということだ。

③ この場合《ばあい》、同《おな》じ形《かたち》に対《たい》してつけられる名前《なまえ》が、ちいきによってちがうことがある。その土地《とち》の自然《しぜん》や人々《ひとびと》の生活《せいかつ》のしかたなどによって、結《むす》び付《つ》けられるものがことなるからだ。

※ことなる…ちがってくる。

2

④ 日本《にほん》でよく知《し》られている写真《しゃしん》Aの形《かたち》は、ちいきごとにちがう名前《なまえ》をもっている。「あみ」「田《た》んぼ」「ざる」「たたみ」「かきね」「しょうじ」「油《あぶら》あげ」など、日本各地《にほんかくち》で名前《なまえ》を集《あつ》めると、約三十種類《やくさんじゅっしゅるい》にもなる。それぞれの土地《とち》の生活《せいかつ》と、より関《かか》わりの深《ふか》いものに見立《みた》てられた結果《けっか》といえる。

A

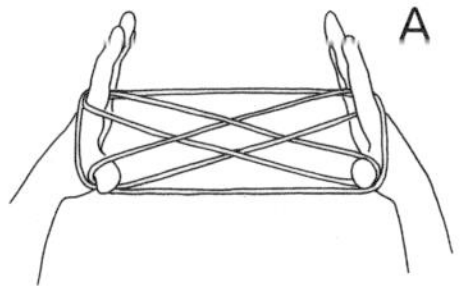

※「日本《にほん》」は「にっぽん」とも読《よ》みます。

（令和二年度版 光村図書 国語五 銀河 野口《のぐち》 廣《ひろし》）

1 同《おな》じ形《かたち》に対《たい》してつけられる名前《なまえ》が、ちいきによってちがうことがあるのは、どうしてですか。

その土地《とち》の［　　　　］などによって、［　　　　］がことなるから。

2 (1) 写真《しゃしん》Aの形《かたち》が、ちいきごとにちがう名前《なまえ》をもっているのは、どんなことが行《おこな》われた結果《けっか》といえますか。

それぞれの土地《とち》の生活《せいかつ》と、［　　　　］ものに［　　　　］られた結果《けっか》。

(2) 上《うえ》の文章《ぶんしょう》で、④段落《だんらく》は、どんな役《やく》わりの段落《だんらく》ですか。○をつけましょう。

（　）事例《じれい》を挙《あ》げて③段落《だんらく》を説明《せつめい》している段落《だんらく》。

（　）考《かんが》えをまとめている段落《だんらく》。

見立《みた》てる　(3)

名前

● 次《つぎ》の文章《ぶんしょう》を二回《にかい》読《よ》んで、答《こた》えましょう。

1

〔日本《にほん》では、ある一《ひと》つの形《かたち》が、ちいきごとにちがう名前《なまえ》をもっている。それぞれの土地《とち》の生活《せいかつ》と、より関《かか》わりの深《ふか》いものに見立《みた》てられた結果《けっか》といえる。〕

⑤　あや取《と》りは、世界各地《せかいかくち》で行《おこな》われている。写真《しゃしん》Bは、アラスカの西部《せいぶ》で「かもめ」とよばれている形《かたち》である。しかし、カナダでは、同《おな》じ形《かたち》に対《たい》し、真《ま》ん中《なか》にあるトンネルのような部分《ぶぶん》が家《いえ》の出入《でい》り口《ぐち》に見立《みた》てられ、「ログハウス」（丸太《まるた》を組《く》んでつくった家《いえ》）などという名前《なまえ》がつけられている。

B

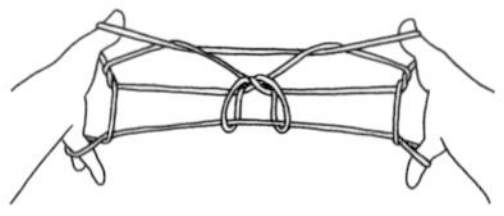

2

⑥　見立《みた》てるという行為《こうい》は、想像力《そうぞうりょく》に支《ささ》えられている。そして、想像力《そうぞうりょく》は、わたしたちを育《はぐく》んでくれた自然《しぜん》や生活《せいかつ》と深《ふか》く関《かか》わっているのだ。

（令和二年度版　光村図書　国語五　銀河　野口《のぐち》　廣《ひろし》）

1

(1)　写真《しゃしん》Bは、アラスカの西部《せいぶ》とカナダで、それぞれ何《なん》とよばれていますか。

アラスカの西部《せいぶ》　〔　　　〕

カナダ　〔　　　〕

(2)　カナダは、どんなちいきだと考《かんが》えられますか。○をつけましょう。

（　）「かもめ」がよく見《み》られるちいき。

（　）「ログハウス」がよく見《み》られるちいき。

2

(1)　想像力《そうぞうりょく》が深《ふか》く関《かか》わっているのは、何《なん》ですか。

〔わたしたちを育《はぐく》んでくれた　　　。〕

(2)　文章全体《ぶんしょうぜんたい》で、⑥段落《だんらく》は、どんな役《やく》わりの段落《だんらく》ですか。○をつけましょう。

（　）事例《じれい》を挙《あ》げている段落《だんらく》。

（　）筆者《ひっしゃ》の考《かんが》えをまとめている段落《だんらく》。

言葉《ことば》の意味《いみ》が分《わ》かること　(1)

名前

● 教科書《きょうかしょ》の「言葉《ことば》の意味《いみ》が分《わ》かること」の全文《ぜんぶん》を読《よ》んだ後《あと》、次《つぎ》の文章《ぶんしょう》を二回《にかい》読《よ》んで、答《こた》えましょう。

1

　一《ひと》つの言葉《ことば》がどこまで使《つか》えるのか、全《すべ》ての事物《じぶつ》を見《み》て、確《たし》かめることはできません。だから、小《ちい》さな子《こ》どもは、かぎられた例《れい》をもとに㋐言葉《ことば》の意味《いみ》のはんいを自分《じぶん》で考《かんが》え、使《つか》っていきます。㋑これは、簡単《かんたん》なことではありません。そのため、うまくいかなくて、よくおもしろいまちがいをします。

※はんい…あるところからあるところまでのかぎられた広《ひろ》がり。

2

　あるとき、㋒こんな言《い》いまちがいに出会《であ》いました。
「歯《は》でくちびるをふんじゃった。」
この子《こ》は、「歯《は》で
くちびるを
かんじゃった。」と
言《い》いたかったのです。
それなのに、どうしてこんな
言《い》いまちがいをしたのでしょうか。

（令和二年度版　光村図書　国語五　銀河　今井《いまい》　むつみ）

1

(1) ㋐言葉《ことば》の意味《いみ》のはんいとは、どういうことですか。文中《ぶんちゅう》の言葉《ことば》で答《こた》えましょう。

一《ひと》つの言葉《ことば》が［　　　　　　］ということ。

(2) ㋑これとは、何《なに》を指《さ》していますか。

小《ちい》さな子《こ》どもが、かぎられた例《れい》をもとに［　　　　　　］を自分《じぶん》で考《かんが》え、使《つか》っていくこと。

2

(1) 筆者《ひっしゃ》が出会《であ》った㋒こんな言《い》いまちがいを文中《ぶんちゅう》から書《か》き出《だ》しましょう。

［　　　　　　］

(2) どんなまちがいでしたか。

［　　　　　　］と言《い》いたかった場面《ばめん》で、［　　　　　　］と言《い》ってしまったまちがい。

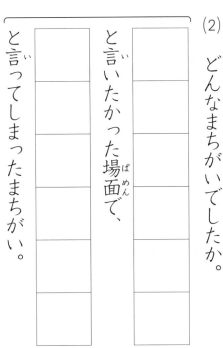

言葉《ことば》の意味《いみ》が分《わ》かること (2)

名前

● 次《つぎ》の文章《ぶんしょう》を二回《にかい》読《よ》んで、答《こた》えましょう。

1

「歯《は》でくちびるをかんじゃった。」と言《い》いたい場面《ばめん》で、「歯《は》でくちびるをふんじゃった。」と言《い》いまちがいをした子《こ》どもがいました。

よく考《かんが》えてみると、「ふむ」も「かむ」も、「あるものを上《うえ》からおしつける動作《どうさ》」なので、㋐似《に》た意味《いみ》の言葉《ことば》であるといえます。㋑おそらく、この子《こ》は、「かむ」という言葉《ことば》を知《し》らず、その代《か》わりに、似《に》た場面《ばめん》で覚《おぼ》えた「ふむ」を使《つか》ったのでしょう。

2

つまり、この言《い》いまちがいの原因《げんいん》は、自分《じぶん》が覚《おぼ》えた言葉《ことば》を、別《べつ》の場面《ばめん》で使《つか》おうとしてうまくいかなかったことといえます。言葉《ことば》の意味《いみ》のはんいを広《ひろ》げて使《つか》いすぎたのです。

※原因《げんいん》…ものごとの起《お》こるもととなる事《こと》がらや理由《りゆう》。もと。

（令和二年度版　光村図書　国語五　銀河　今井《いまい》　むつみ）

1

(1) ㋐似《に》た意味《いみ》の言葉《ことば》とありますが、どの二《ふた》つの言葉《ことば》の意味《いみ》が似《に》ているといっていますか。文中《ぶんちゅう》からそれぞれ二字《にじ》で書《か》き出《だ》しましょう。

［　　］と［　　］

(2) ㋑おそらくとは、どんな意味《いみ》ですか。○をつけましょう。

（　）おそろしいことに。

（　）たぶん。きっと。

2

(1) この言《い》いまちがいの原因《げんいん》は、何《なん》だといっていますか。文中《ぶんちゅう》から書《か》き出《だ》しましょう。

［　　　　］としてうまくいかなかったこと。

(2) (1)のことを、筆者《ひっしゃ》は別《べつ》の言《い》い方《かた》で何《なん》と言《い》いかえていますか。文中《ぶんちゅう》の言葉《ことば》を使《つか》って書《か》きましょう。

言葉《ことば》の意味《いみ》の［　　　］を広《ひろ》げて使《つか》いすぎたこと。

言葉《ことば》の意味《いみ》が分《わ》かること　(3)

名前

● 次《つぎ》の文章《ぶんしょう》を二回《にかい》読《よ》んで、答《こた》えましょう。

1

〔あるとき、「かむ」と「ふむ」という、似《に》た意味《いみ》の言葉《ことば》をまちがって使《つか》った言《い》いまちがいをした子《こ》どもがいました。〕

同《おな》じことは、母語《ぼご》ではない言語《げんご》を学《まな》ぶときにも起《お》こります。

「朝食《ちょうしょく》にスープを食《た》べました。」

これは、アメリカ人《じん》の留学生《りゅうがくせい》が言《い》った言葉《ことば》です。日本語《にほんご》では、スープは「飲《の》む」と表現《ひょうげん》することが多《おお》いため、日本語《にほんご》を母語《ぼご》とする人《ひと》が聞《き》くと、㋐やや不自然《ふしぜん》に聞《き》こえます。

※母語《ぼご》…人《ひと》が生《う》まれて最初《さいしょ》に習《なら》い、覚《おぼ》えた言語《げんご》のこと。日本人《にほんじん》の母語《ぼご》は、ふつう、日本語《にほんご》。

※言語《げんご》…言葉《ことば》。

2

子《こ》どもとはちがい、この留学生《りゅうがくせい》は、「飲《の》む」という言葉《ことば》を知《し》らなかったわけではありません。それでは、どうしてこのような表現《ひょうげん》をしたのでしょうか。

（令和二年度版　光村図書　国語五　銀河　今井《いまい》　むつみ）

1

(1) ㋐やや不自然《ふしぜん》にとありますが、留学生《りゅうがくせい》の言《い》った言葉《ことば》のうち、どの言葉《ことば》が不自然《ふしぜん》ですか。一《ひと》つに○をつけましょう。

（　）朝食《ちょうしょく》に

（　）スープを

（　）食《た》べました

(2) 留学生《りゅうがくせい》の言葉《ことば》が、日本語《にほんご》を母語《ぼご》とする人《ひと》にやや不自然《ふしぜん》に聞《き》こえるのは、どうしてですか。文中《ぶんちゅう》の言葉《ことば》を使《つか》って書《か》きましょう。

日本語《にほんご》では、

ため。

2

「朝食《ちょうしょく》にスープを食《た》べました。」と言《い》った留学生《りゅうがくせい》は、「飲《の》む」という言葉《ことば》を知《し》っていましたか。○をつけましょう。

（　）知《し》っていた。

（　）知《し》らなかった。

言葉《ことば》の意味《いみ》が分《わ》かること (4)

名前

● 次《つぎ》の文章《ぶんしょう》を二回《にかい》読《よ》んで、答《こた》えましょう。

1

〔アメリカ人《じん》の留学生《りゅうがくせい》は、「飲《の》む」という言葉《ことば》を知《し》っていたのに、どうして「スープを食《た》べました。」という表現《ひょうげん》をしたのでしょうか。〕

それは、㋐英語《えいご》と同《おな》じ感覚《かんかく》で「食《た》べる」という言葉《ことば》を使《つか》ったことが原因《げんいん》です。英語《えいご》では、ものを食《た》べる動作《どうさ》を「eat《イート》」という言葉《ことば》で表《あらわ》しますが、これをスープに対《たい》しても使《つか》うため、「スープを食《た》べる」という表現《ひょうげん》をしたのでしょう。

※感覚《かんかく》…物事《ものごと》のとらえ方《かた》や感《かん》じ方《かた》。

2

日本語《にほんご》の「食《た》べる」と、英語《えいご》の「eat《イート》」は似《に》た意味《いみ》の言葉《ことば》ですが、㋑意味《いみ》のはんいがちがうのです。「食《た》べる」と「eat《イート》」以外《いがい》の言葉《ことば》にも、こういったちがいはあります。

（令和二年度版　光村図書　国語五　銀河　今井《いまい》むつみ）

1

㋐英語《えいご》と同《おな》じ感覚《かんかく》で「食《た》べる」という言葉《ことば》を使《つか》ったについて答《こた》えましょう。

① 「英語《えいご》と同《おな》じ感覚《かんかく》で」とは、どういう意味《いみ》ですか。○をつけましょう。

（　）英語《えいご》を話《はな》したくなって。

（　）英語《えいご》を話《はな》すときと同《おな》じ使《つか》い方《かた》で。

② ㋐英語《えいご》と同《おな》じ感覚《かんかく》で「食《た》べる」という言葉《ことば》を使《つか》ったとは、どういうことですか。

英語《えいご》で［　　　　］動作《どうさ》を表《あらわ》す「eat《イート》」という言葉《ことば》を、［　　　　］に対《たい》しても使《つか》ったということ。

2

㋑意味《いみ》のはんいがちがうとありますが、英語《えいご》の「eat《イート》」の「意味《いみ》のはんい」の説明《せつめい》として合《あ》うものに○、合《あ》わないものに×をつけましょう。

（　）英語《えいご》の「eat《イート》」は、日本語《にほんご》と同《おな》じでスープに対《たい》しては使《つか》われない。

（　）英語《えいご》の「eat《イート》」は、スープに対《たい》しても使《つか》われる。

（　）英語《えいご》の「eat《イート》」には、「食《た》べる」という意味《いみ》はない。

情報《じょうほう》

原因《げんいん》と結果《けっか》

名前

(1) 次《つぎ》の文章《ぶんしょう》には、それぞれ「原因《げんいん》と結果《けっか》」にあたることが書《か》かれています。——線《せん》の部分《ぶぶん》は、「原因《げんいん》」、または「結果《けっか》」のどちらですか。【例《れい》】のように、（　）にあてはまる方《ほう》を書《か》きましょう。

【例《れい》】毎日練習《まいにちれんしゅう》することによって、妹《いもうと》はピアノが上手《じょうず》になった。

（原因）　（結果）

① 急《きゅう》に雨《あめ》がふり出《だ》したので、全身《ぜんしん》がびしょぬれになった。

（　　）　（　　）

② 弟《おとうと》はよろこんだ。なぜなら、ゲームに勝《か》ったからだ。

（　　）　（　　）

③ ぼくは学校《がっこう》を休《やす》んだ。それは、高《たか》い熱《ねつ》が出《で》たからだ。

（　　）　（　　）

(2) 次《つぎ》の——線《せん》の部分《ぶぶん》は、原因《げんいん》と結果《けっか》のどちらですか。あてはまる方《ほう》を書《か》きましょう。

① 「いつもありがとう。」と言《い》ったら、お母《かあ》さんはよろこんだ。（　　）

② 朝《あさ》ねぼうをしたせいで、学校《がっこう》まで走《はし》って行《い》った。（　　）

③ 花《はな》がかれた。それは、水《みず》やりをわすれたからだ。（　　）

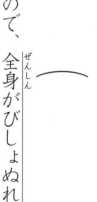

和《わ》語《ご》・漢《かん》語《ご》・外《がい》来《らい》語《ご》（1）

名前

教科書《きょうかしょ》の「和《わ》語《ご》・漢《かん》語《ご》・外《がい》来《らい》語《ご》」を読《よ》んで、答《こた》えましょう。

(1) 次《つぎ》の①〜③は、それぞれどのような言葉《ことば》ですか。□から選《えら》んで、記号《きごう》で答《こた》えましょう。

① 和《わ》語《ご》 □

② 漢《かん》語《ご》 □

③ 外《がい》来《らい》語《ご》 □

㋐ もともと日本《にほん》にあった言葉《ことば》。

㋑ アメリカやヨーロッパなどから日本《にほん》に入《はい》ってきた言葉《ことば》で、ふつう片仮名《かたかな》で書《か》き表《あらわ》す。

㋒ 古《ふる》くに中国《ちゅうごく》から日本《にほん》に入《はい》ってきた言葉《ことば》で、ふつう漢字《かんじ》で書《か》き表《あらわ》す。

「人《ひと》」のように漢字《かんじ》で書《か》いてあっても、「訓《くん》」で読《よ》む言葉《ことば》は和語《わご》です。
また、「にく（肉）」のように、ひらがなで書《か》いてあっても、「音《おん》」で読《よ》む言葉《ことば》は漢語《かんご》です。

(2) 次《つぎ》の□の言葉《ことば》を、和《わ》語《ご》・漢《かん》語《ご》・外《がい》来《らい》語《ご》に分《わ》けて、それぞれ書《か》きましょう。

・混雑《こんざつ》　・混《こ》み合《あ》う　・ラッシュ

・速《はや》さ　・スピード　・速度《そくど》

① 和《わ》語《ご》

② 漢《かん》語《ご》

③ 外《がい》来《らい》語《ご》

和語《わご》・漢語《かんご》・外来語《がいらいご》 (2)

名前

● 次《つぎ》の□の文中《ぶんちゅう》の——線《せん》の言葉《ことば》は、和語《わご》・漢語《かんご》・外来語《がいらいご》のうち、どの言葉《ことば》ですか。それぞれ記号《きごう》で答《こた》えましょう。

(1)

① 和語《わご》 □

② 漢語《かんご》 □

③ 外来語《がいらいご》 □

㋐ 交通《こうつう》ルールについて学《まな》ぶ。

㋑ 登下校《とうげこう》のきまりをたしかめる。

㋒ 学校《がっこう》の規則《きそく》を思《おも》い出《だ》す。

(2)

① 和語《わご》 □

② 漢語《かんご》 □

③ 外来語《がいらいご》 □

㋐ ゲーム開始《かいし》のふえが鳴《な》る。

㋑ スタートの合図《あいず》を待《ま》つ。

㋒ 試合《しあい》の始《はじ》まりは午後《ごご》一時《いちじ》だ。

「漢語《かんご》」は、漢字《かんじ》を「音《おん》」で読《よ》む言葉《ことば》が使《つか》われ、ふつう漢字《かんじ》で書《か》き表《あらわ》すよ。「外来語《がいらいご》」は、ふつうカタカナで書《か》き表《あらわ》す言葉《ことば》だね。

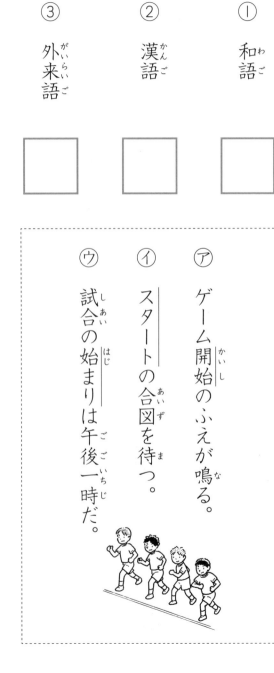

和語《わご》・漢語《かんご》・外来語《がいらいご》 (3)

名前

● 次《つぎ》の言葉《ことば》には、「訓《くん》」で読《よ》む和語《わご》と、「音《おん》」で読《よ》む漢語《かんご》の二《ふた》つの読《よ》み方《かた》があります。
――線《せん》の言葉《ことば》が和語《わご》の読《よ》み方《かた》をひらがなで、漢語《かんご》の読《よ》み方《かた》をカタカナで書《か》きましょう。また、その言葉《ことば》の意味《いみ》を［　］から選《えら》んで、記号《きごう》で答《こた》えましょう。

(1) 風車

① 妹《いもうと》が風車をくるくると回《まわ》す。

（読《よ》み方《かた》）［かざぐるま］

（意味《いみ》）［　］

② 風車小屋《ごや》は畑《はたけ》の向《む》こう側《がわ》にある。

（読《よ》み方《かた》）［フウシャ］

（意味《いみ》）［　］

［ア 風《かぜ》の力《ちから》で羽根車《はねぐるま》を回《まわ》し、粉《こな》をひいたり発電《はつでん》したりするそうち。
イ 風《かぜ》で回《まわ》る、紙《かみ》などで作《つく》ったおもちゃ。］

(2) 生物

① 生物は早《はや》く食《た》べたほうがよい。

（読《よ》み方《かた》）［　］

（意味《いみ》）［　］

② 池《いけ》にいる生物を調《しら》べる。

（読《よ》み方《かた》）［　］

（意味《いみ》）［　］

［ア 加熱《かねつ》していない食《た》べもの。
イ 動物《どうぶつ》や植物《しょくぶつ》など、すべてのいきもの。］

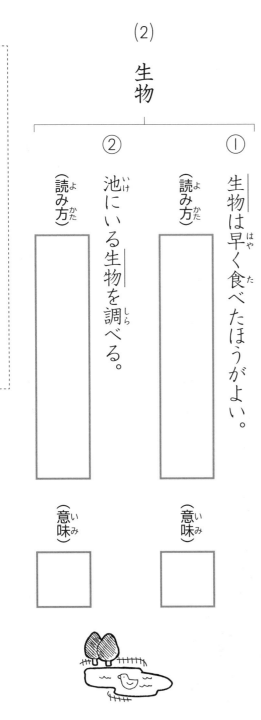

和語《わご》・漢語《かんご》・外来語《がいらいご》 (4)

名前

(1) 次《つぎ》の和語《わご》と同《おな》じ意味《いみ》の外来語《がいらいご》を[　]から選《えら》んで書《か》きましょう。

① 球《たま》 [　　　]

② 長《なが》いす [　　　]

③ くだもの [　　　]

ベンチ ・ フルーツ ・ ボール

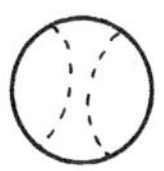

(2) 次《つぎ》の漢語《かんご》と同《おな》じ意味《いみ》の外来語《がいらいご》を[　]から選《えら》んで書《か》きましょう。

① 試験《しけん》 [　　　]

② 時間《じかん》 [　　　]

③ ちょうせん [　　　]

テスト ・ チャレンジ ・ タイム

(3) 次《つぎ》の外来語《がいらいご》と同《おな》じ意味《いみ》の漢語《かんご》と和語《わご》を——線《せん》で結《むす》びましょう。

① ランナー
- ㋐ 和語《わご》 ・　　・ 走者《そうしゃ》
- ㋑ 漢語《かんご》 ・　　・ 走《はし》る人《ひと》

② ホテル
- ㋐ 和語《わご》 ・　　・ 宿屋《やどや》
- ㋑ 漢語《かんご》 ・　　・ 旅館《りょかん》

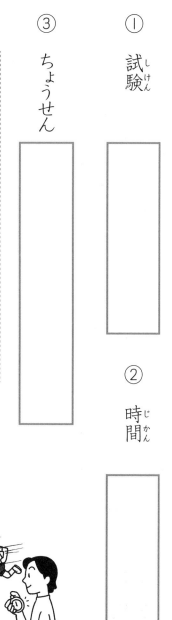

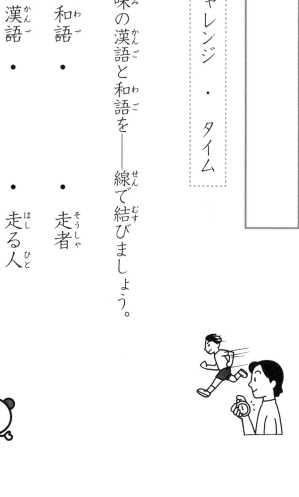

日常《にちじょう》を十七音《じゅうしちおん》で (1)

名前

(1) 次《つぎ》の文《ぶん》は、俳句《はいく》について説明《せつめい》したものです。〔　〕の中《なか》であてはまる方《ほう》の言葉《ことば》を○でかこみましょう。

① 俳句《はいく》は、ふつう、{五《ご》・七《しち》・五《ご》・七《しち》・七《しち》／五《ご》・七《しち》・五《ご》}の十七音《じゅうしちおん》で作《つく》ります。

② 俳句《はいく》では、ふつう、「{漢語《かんご》／季語《きご》}」という季節《きせつ》を表《あらわ》す言葉《ことば》を使《つか》って、季節感《きせつかん》を表《あらわ》します。

俳句《はいく》は、十七音《じゅうしちおん》という短《みじか》い音《おと》の中《なか》で、ふつう、季節《きせつ》を表《あらわ》す言葉《ことば》を入《い》れて、感動《かんどう》を表現《ひょうげん》します。

また、俳句《はいく》では、様子《ようす》や、「きれいだな」「うれしいな」のような作《つく》り手《て》の気持《きも》ちを直接《ちょくせつ》言《い》い表《あらわ》す言葉《ことば》は、できるだけ使《つか》わないようにして表現《ひょうげん》します。

(2) 次《つぎ》の言葉《ことば》は、どの季節《きせつ》を表《あらわ》しますか。（　）に春《はる》・夏《なつ》・秋《あき》・冬《ふゆ》のどれかを書《か》きましょう。

① 桜《さくら》（　　）

② かぶと虫《むし》（　　）

③ 雪《ゆき》（　　）

④ こおろぎ（　　）

⑤ コスモス（　　）

⑥ 手《て》ぶくろ（　　）

⑦ 夕立《ゆうだち》（　　）

⑧ あたたか（　　）

日常《にちじょう》を十七音《じゅうしちおん》で (2)

名前

● 次《つぎ》の俳句《はいく》を二回《にかい》ずつ音読《おんどく》して、問題《もんだい》に答《こた》えましょう。

1

あ 雪《ゆき》だるま星《ほし》のおしやべり《（おしゃべり）》ぺちやくちや《（ぺちゃくちゃ）》と
松本《まつもと》 たかし

い すずらんのりりりりりりと風《かぜ》に在《あ》り
日野《ひの》 草城《そうじょう》

2

う 行《ゆ》く秋《あき》やつくづくおしと鳴《な》くせみか

え 行《ゆ》く秋《あき》やつくづくおしと蟬《せみ》の鳴《な》く
小林《こばやし》 一茶《いっさ》

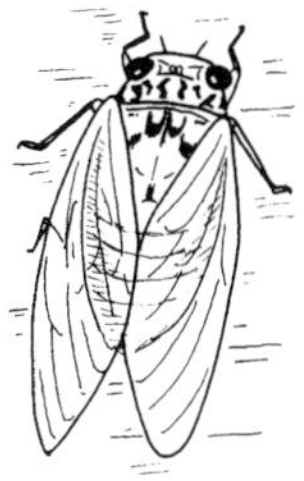

（令和二年度版　光村図書　国語五　銀河「日常を十七音で」による）

1

(1) あの俳句《はいく》の、季語《きご》と季節《きせつ》を書《か》きましょう。

季語《きご》［　　　］

季節《きせつ》［　　　］

(2) いの俳句《はいく》で、作者《さくしゃ》は、風《かぜ》の中《なか》のすずらんの花《はな》の様子《ようす》を何《なん》と表現《ひょうげん》していますか。六文字《ろくもじ》で書《か》き出《だ》しましょう。

□□□□□□

2

(1) うとえの俳句《はいく》の、——線《せん》を引《ひ》いた部分《ぶぶん》をそれぞれひらがなで書《か》きましょう。

う □□□□□

え □□□□□

(2) うとえの俳句《はいく》で、作者《さくしゃ》がそれぞれ注目《ちゅうもく》しているものは、何《なん》ですか。

う 鳴《な》いている［　　　］。

え せみが［　　　］声《こえ》。

古典《こてん》の世界《せかい》（一《いち》）(1)

名前

教科書《きょうかしょ》の「古典《こてん》の世界《せかい》（一《いち》）」を読《よ》んで、答《こた》えましょう。

(1) 次《つぎ》の文章《ぶんしょう》は、「竹取物語《たけとりものがたり》」と「平家物語《へいけものがたり》」について説明《せつめい》したものです。あてはまる言葉《ことば》を□から選《えら》んで書《か》きましょう。

① 「竹取物語《たけとりものがたり》」は、今《いま》から（　　）以上前《いじょうまえ》に書《か》かれた物語《ものがたり》で、
今《いま》は、「（　　）」の名《な》でも知《し》られています。現実《げんじつ》には
起《お》こらないような（　　）出来事《できごと》が書《か》かれています。

かぐやひめ ・ 不思議《ふしぎ》な ・ 千年《せんねん》

② 「平家物語《へいけものがたり》」は、（　　）とよばれる武士《ぶし》の
（　　）が、栄《さか》え、そして、ほろんでゆくさまを書《か》いた作品《さくひん》です。
（　　）時代《じだい》と、人々《ひとびと》のすがたが書《か》かれています。

移《うつ》り変《か》わる ・ 平家《へいけ》 ・ 一族《いちぞく》

(2) 次《つぎ》の古典作品《こてんさくひん》の作者名《さくしゃめい》と、説明文《せつめいぶん》に合《あ》う方《ほう》を——線《せん》で結《むす》びましょう。

〈作品名《さくひんめい》〉	〈作者名《さくしゃめい》〉	〈説明文《せつめいぶん》〉
① 徒然草《つれづれぐさ》 ・	・ 松尾《まつお》 芭蕉《ばしょう》 ・	・ 作者《さくしゃ》が弟子《でし》とともに旅《たび》をしながら感動《かんどう》したことを記《しる》した紀行文《きこうぶん》。
② おくのほそ道《みち》 ・	・ 兼好法師《けんこうほうし》 ・	・ 人間《にんげん》の生活《せいかつ》や行動《こうどう》、移《うつ》りゆく自然《しぜん》のすがたなどについて書《か》かれた作品《さくひん》。作者《さくしゃ》のものの見方《みかた》や考《かんが》え方《かた》が表《あらわ》れている。

古典《こてん》の世界《せかい》（一《いち》）(2)

名前

教科書《きょうかしょ》の「古典《こてん》の世界《せかい》（一《いち》）」を読《よ》んで、答《こた》えましょう。

● 次《つぎ》の文章《ぶんしょう》は、多《おお》くの人《ひと》に知《し》られている古典《こてん》の、始《はじ》まりの一文《いちぶん》です。それぞれの作品名《さくひんめい》を□から選《えら》んで書《か》きましょう。

① 今《いま》は昔《むかし》、竹取《たけとり》の翁《おきな》といふ《う》ものありけり。

② 月日《つきひ》は百代《はくたい》の過客《かかく》にして、行《ゆ》きかふ（こう）年《とし》もまた旅人《たびびと》なり。

③ 祇園精舎《ぎおんしょうじゃ》の鐘《かね》の声《こえ》、諸行無常《しょぎょうむじょう》の響《ひび》きあり。

④ つれづれなるままに、日暮《ひぐ》らし、硯《すずり》に向《む》かひ（い）て、心《こころ》にうつりゆくよしなし事《ごと》を、そこはかとなく書《か》きつくれば、あやしうこそ（しゅう）ものぐるほ（お）しけれ。

・おくのほそ道《みち》
・平家物語《へいけものがたり》
・徒然草《つれづれぐさ》
・竹取物語《たけとりものがたり》

（令和二年度版　光村図書　国語五　銀河　「古典の世界（一）」による）

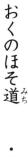

古典《こてん》の世界《せかい》（一《いち》）　(3)

（竹取物語《たけとりものがたり》）

名前

● 次《つぎ》の古典《こてん》の始《はじ》まりの部分《ぶぶん》を二回音読《にかいおんどく》し、意味《いみ》の文《ぶん》も読《よ》んで、答《こた》えましょう。

1

〈もとの文《ぶん》〉

今《いま》は昔《むかし》、竹取《たけとり》の翁《おきな》と㋐いふ《（う）》ものありけり。野山《のやま》にまじりて竹《たけ》を取《と》りつつ、よろづ《（ず）》のことに㋑使《つか》ひ《（い）》けり。名《な》をば、さぬきのみやつことなむ《（ん）》いひ《（い）》ける。

〈意味《いみ》の文《ぶん》〉

昔《むかし》、竹取《たけとり》の翁《おきな》とよばれる人《ひと》がいた。翁《おきな》は、野山《のやま》に分《わ》け入《い》って竹《たけ》を取《と》っては、いろいろな物《もの》を作《つく》るのに使《つか》っていた。名前《なまえ》を「さぬきのみやつこ」といった。

2

〈もとの文《ぶん》〉

その竹《たけ》の中《なか》に、もと光《ひか》る竹《たけ》なむ《（ん）》一筋《ひとすじ》ありける。あやしがりて、寄《よ》りて見《み》るに、筒《つつ》の中光《なかひか》りたり。それを見《み》れば、三寸《さんずん》ばかりなる人《ひと》、いとうつくしう《（しゅう）》てゐ《（い）》たり。

〈意味《いみ》の文《ぶん》〉

ある日《ひ》のこと、その竹林《ちくりん》の中《なか》に、根元《ねもと》の光《ひか》る竹《たけ》が一本《いっぽん》あった。不思議《ふしぎ》に思《おも》って、近寄《ちかよ》って見《み》ると、筒《つつ》の中《なか》が光《ひか》っている。それを見《み》ると、手《て》にのるぐらいの小《ちい》さな人《ひと》が、とてもかわいらしい様子《ようす》ですわっていた。

（令和二年度版　光村図書　国語五　銀河「古典の世界（一）」による）

1

(1) 声《こえ》に出《だ》して読《よ》むとき、次《つぎ》の言葉《ことば》は何《なん》と読《よ》みますか。ひらがなで書《か》きましょう。

㋐いふもの

㋑使《つか》ひけり

(2) 「竹取《たけとり》の翁《おきな》」とよばれる人《ひと》は、何《なん》という名前《なまえ》でしたか。

2

(1) 竹取《たけとり》の翁《おきな》が竹林《ちくりん》の中《なか》に見《み》つけたものは、何《なん》でしたか。（意味《いみ》の文《ぶん》）から書《か》き出《だ》しましょう。

根元《ねもと》の

(2) 竹取《たけとり》の翁《おきな》が近寄《ちかよ》って見《み》た筒《つつ》の中《なか》には、どれぐらいの大《おお》きさの人《ひと》がいましたか。〈もとの文《ぶん》〉と（意味《いみ》の文《ぶん》）からそれぞれ書《か》き出《だ》しましょう。

〈もとの文《ぶん》〉

（意味《いみ》の文《ぶん》）

古典《こてん》の世界《せかい》（一《いち》）　(4)

（平家物語《へいけものがたり》）

名前

●次《つぎ》の古典《こてん》の始《はじ》まりの部分《ぶぶん》を二《に》回音読《かいおんどく》し、意味《いみ》の文《ぶん》も読《よ》んで、答《こた》えましょう。

1

〈もとの文《ぶん》〉

祇園精舎《ぎおんしょうじゃ》の鐘《かね》の声《こえ》、
㋐諸行無常《しょぎょうむじょう》の響《ひび》きあり。
沙羅双樹《しゃらそうじゅ》の花《はな》の色《いろ》、
盛者必衰《じょうしゃひっすい》の理《ことわり》を㋑あらは《わ》す。

〈意味《いみ》の文《ぶん》〉

祇園精舎《ぎおんしょうじゃ》の鐘《かね》の音《おと》は、「全《すべ》ての物事《ものごと》は移《うつ》り変《か》わる」ということを人《ひと》に思《おも》い起《お》こさせる響《ひび》きがある。沙羅双樹《しゃらそうじゅ》の花《はな》のすがたは、いきおいのさかんな者《もの》もいつかはおとろえるという道理《どうり》をしめしている。

2

〈もとの文《ぶん》〉

おごれる人《ひと》も久《ひさ》しからず、
ただ春《はる》の夜《よ》の夢《ゆめ》のごとし。
たけき者《もの》もつひ《い》には滅《ほろ》びぬ、
ひとへ《え》に風《かぜ》の前《まえ》の塵《ちり》に同《おな》じ。

〈意味《いみ》の文《ぶん》〉

㋒おごり高《たか》ぶる人《ひと》も長《なが》くは続《つづ》かず、ただ春《はる》の夜《よ》の夢《ゆめ》のように はかない。㋓強《つよ》い者《もの》も最後《さいご》には滅《ほろ》びる。まさに風《かぜ》にふき飛《と》ぶ塵《ちり》と同《おな》じである。

※おごり高《たか》ぶる…思《おも》いあがって、えらそうにしている。

（令和二年度版　光村図書　国語五　銀河「古典の世界（一）」による）

1

(1) 声《こえ》に出《だ》して読《よ》むとき、次《つぎ》の言葉《ことば》は何《なん》と読《よ》みますか。ひらがなで書《か》きましょう。

㋑あらはす　（　　　　）

(2) ㋐諸行無常《しょぎょうむじょう》の響《ひび》きありとは、どんな意味《いみ》ですか。〈意味《いみ》の文《ぶん》〉から書《か》き出《だ》しましょう。

（　　　　）ということを人《ひと》に思《おも》い起《お》こさせる響《ひび》きがある。

2

(1) ㋒おごり高《たか》ぶる人《ひと》も長《なが》くは続《つづ》かずという様子《ようす》を、何《なん》のようにはかないといっていますか。

□□□の夢《ゆめ》

(2) ㋓強《つよ》い者《もの》も最後《さいご》には滅《ほろ》びる。とありますが、このことを、何《なに》と同《おな》じだといっていますか。〈もとの文《ぶん》〉から、ます目《め》にあてはまる言葉《ことば》を書《か》き出《だ》しましょう。

ひとへに□□□の塵《ちり》に同《おな》じ。

情報《じょうほう》 目的《もくてき》に応《おう》じて引用《いんよう》するとき

名前

(1) 教科書《きょうかしょ》の「目的《もくてき》に応《おう》じて引用《いんよう》するとき」を読《よ》んで、答《こた》えましょう。

次《つぎ》の文《ぶん》は、調《しら》べたことを書《か》き留《と》めるときに気《き》をつけることです。あてはまる言葉《ことば》を□から選《えら》んで書《か》きましょう。

① 情報《じょうほう》を書《か》き留《と》める（　　　）をはっきりさせる。

② 目的《もくてき》に合《あ》った部分《ぶぶん》を、（　　　）に書《か》き写《うつ》す。

③ （　　　）となる本《ほん》の情報《じょうほう》を記録《きろく》する。

出典《しゅってん》 ・ 正確《せいかく》 ・ 目的《もくてき》

(2) 木原《きはら》さんは、日本《にほん》の森林《しんりん》の特徴《とくちょう》について調《しら》べたことを報告《ほうこく》する文章《ぶんしょう》を書《か》くために、ある一冊《いっさつ》の本《ほん》を読《よ》んで引用《いんよう》カードを書《か》きました。次《つぎ》の木原《きはら》さんの引用《いんよう》カードの①〜③にあてはまる言葉《ことば》を、下《した》の□から選《えら》んで書《か》きましょう。

●木原《きはら》さんの引用《いんよう》カード

（①）

日本《にほん》の森林《しんりん》の特徴《とくちょう》について調《しら》べたことを報告《ほうこく》する。

（②）

「日本《にほん》は，森林《しんりん》の多《おお》い国《くに》で，日本全体《にほんぜんたい》の面積《めんせき》の約七割《やくななわり》が森林《しんりん》である。そのうち，人工林《じんこうりん》が全体《ぜんたい》の約四割《やくよんわり》をしめる。」

「日本《にほん》は，世界《せかい》の中《なか》でも，この人工林《じんこうりん》の割合《わりあい》が大《おお》きい国《くに》なのである。」

（③）

遠山《とおやま》 里子《さとこ》「森林《しんりん》の働《はたら》き」大空書店《おおぞらしょてん》，2020年《ねん》，52ページ

（令和二年度版　光村図書　国語五　銀河「目的に応じて引用するとき」による）

①（　　　　　）

②（　　　　　）

③（　　　　　）

・出典《しゅってん》　・調《しら》べる目的《もくてき》　・引用《いんよう》したい部分《ぶぶん》

みんなが過《す》ごしやすい町《まち》へ　(1)

名前

教科書《きょうかしょ》の「みんなが過《す》ごしやすい町《まち》へ」を読《よ》んで、答《こた》えましょう。

● 次《つぎ》の調《しら》べ方《かた》には、それぞれどんな特長《とくちょう》がありますか。あてはまる特長《とくちょう》を説明《せつめい》した文《ぶん》を□から選《えら》んで、㋐～㋔の記号《きごう》で答《こた》えましょう。また、それぞれの調《しら》べ方《かた》の様子《ようす》の絵《え》を㋕～㋙から選《えら》んで記号《きごう》で答《こた》えましょう。

① インタビュー　（説明文《せつめいぶん》）□　（絵《え》）□

② アンケート調査《ちょうさ》　（説明文《せつめいぶん》）□　（絵《え》）□

③ 実際《じっさい》に見《み》て調《しら》べる　（説明文《せつめいぶん》）□　（絵《え》）□

④ 本《ほん》や資料《しりょう》で調《しら》べる　（説明文《せつめいぶん》）□　（絵《え》）□

⑤ インターネットで調《しら》べる　（説明文《せつめいぶん》）□　（絵《え》）□

（説明文《せつめいぶん》）

㋐ 実際《じっさい》の様子《ようす》を見《み》て、確《たし》かめることができる。

㋑ くわしい人《ひと》に直接《ちょくせつ》きくことができる。

㋒ 最新《さいしん》の情報《じょうほう》や、世界中《せかいじゅう》の情報《じょうほう》を知《し》ることができる。

㋓ たくさんの人《ひと》の考《かんが》えを知《し》ることができる。

㋔ 他《ほか》のちいきのことや、せんもん家《か》の意見《いけん》などを知《し》ることができる。

㋕

㋗

㋖

㋘

㋙

みんなが過《す》ごしやすい町《まち》へ　(2)

名前

教科書《きょうかしょ》の「みんなが過《す》ごしやすい町《まち》へ」を読《よ》んで、答《こた》えましょう。

(1) ちいきの音声案内《おんせいあんない》について調《しら》べたことを報告《ほうこく》する文章《ぶんしょう》を書《か》くために構成《こうせい》を考《かんが》えます。次《つぎ》のメモは、その組《く》み立《た》てメモの例《れい》です。（　　）にあてはまる言葉《ことば》を、下《した》の□から選《えら》んで書《か》きましょう。

●組《く》み立《た》てメモの例《れい》

題名《だいめい》
音声案内《おんせいあんない》を利用《りよう》して,
みんなが過《す》ごしやすい町《まち》へ

1. 調《しら》べた（　　　　）

2. （　　　　）

3. 調《しら》べて（　　　　）

(1) いろいろな場所《ばしょ》の音声案内《おんせいあんない》
・信号《しんごう》
・バス
・トイレ

(2) より過《す》ごしやすい工夫《くふう》
・外国語《がいこくご》への対応《たいおう》
・商店街《しょうてんがい》で音声案内《おんせいあんない》サービス

4. （　　　　）

まとめ　・　きっかけ
調《しら》べ方《かた》　・　分《わ》かったこと

（令和二年度版　光村図書　国語五　銀河「みんなが過ごしやすい町へ」による）

(2) 次《つぎ》の文《ぶん》は、報告《ほうこく》する文章《ぶんしょう》を書《か》くときに気《き》をつけることです。（　　）にあてはまる言葉《ことば》を□から選《えら》んで書《か》きましょう。

① 最初《さいしょ》に挙《あ》げた話題《わだい》と、最後《さいご》の（　　　　）が対応《たいおう》するように書《か》く。

② 引用《いんよう》したところは、他《ほか》の部分《ぶぶん》と（　　　　）して書《か》く。

③ 絵《え》や（　　　　）、図表《ずひょう》などを使《つか》って、見《み》やすくまとめる。

区別《くべつ》　・　写真《しゃしん》　・　まとめ

同《おな》じ読《よ》み方《かた》の漢字《かんじ》 (1)
（同訓異字《どうくんいじ》）

名前

(1) 文《ぶん》の意味《いみ》に合《あ》うように、上《うえ》と下《した》を——線《せん》で結《むす》びましょう。

①
- ㋐ 今年《ことし》の夏《なつ》は ・　　・ 厚《あつ》い。
- ㋑ ふろの湯《ゆ》は ・　　・ 熱《あつ》い。
- ㋒ 国語辞典《こくごじてん》は ・　　・ 暑《あつ》い。

②
- ㋐ 夜《よ》が ・　　・ 空《あ》ける。
- ㋑ まどを ・　　・ 明《あ》ける。
- ㋒ 席《せき》を ・　　・ 開《あ》ける。

(2) 次《つぎ》の文《ぶん》に合《あ》う言葉《ことば》を□から選《えら》んで書《か》きましょう。

①　早《はや》い ・ 速《はや》い
- ㋐ 今朝《けさ》は、[　　　　]時間《じかん》に起《お》きた。
- ㋑ 兄《あに》は、走《はし》るのが[　　　　]。

②　指《さ》す ・ 差《さ》す
- ㋐ 武士《ぶし》のように、こしに刀《かたな》を[　　　　]。
- ㋑ 時計《とけい》のはりが九時《くじ》を[　　　　]。

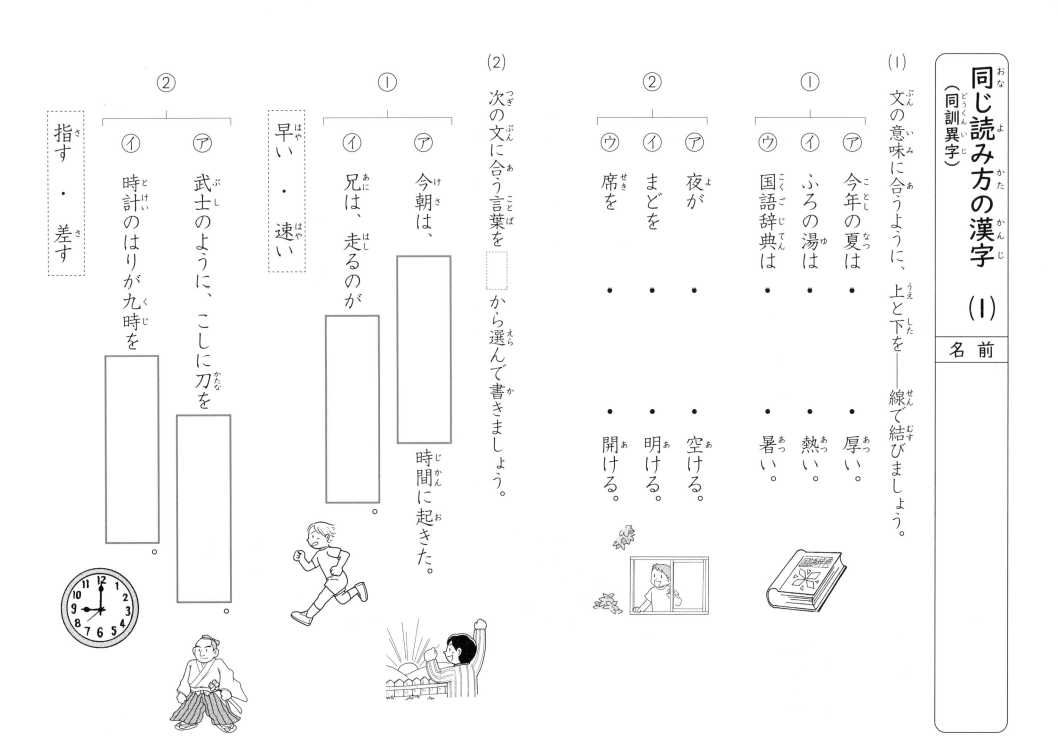

同《おな》じ読《よ》み方《かた》の漢字《かんじ》 (2)

(同訓異字《どうくんいじ》)

名前

(1) 文《ぶん》の意味《いみ》に合《あ》うように、上《うえ》と下《した》を――線《せん》で結《むす》びましょう。

①
- ㋐ 赤《あか》ちゃんが ・　・ 鳴《な》く。
- ㋑ 小鳥《ことり》が ・　・ 泣《な》く。

②
- ㋐ 月《つき》がすがたを ・　・ 現《あらわ》す。
- ㋑ グラフに ・　・ 表《あらわ》す。

(2) 次《つぎ》の文《ぶん》に合《あ》う言葉《ことば》を［　］から選《えら》んで書《か》きましょう。

① ［付《つ》く ・ 着《つ》く］
- ㋐ 電車《でんしゃ》が駅《えき》に［　　　］。
- ㋑ 絵《え》の具《ぐ》が手《て》に［　　　］。

② ［計《はか》る ・ 量《はか》る ・ 測《はか》る］
- ㋐ 家《いえ》から学校《がっこう》までかかる時間《じかん》を［　　　］。
- ㋑ 正方形《せいほうけい》の一辺《いっぺん》の長《なが》さを［　　　］。
- ㋒ 一《ひと》ふくろの米《こめ》の重《おも》さを［　　　］。

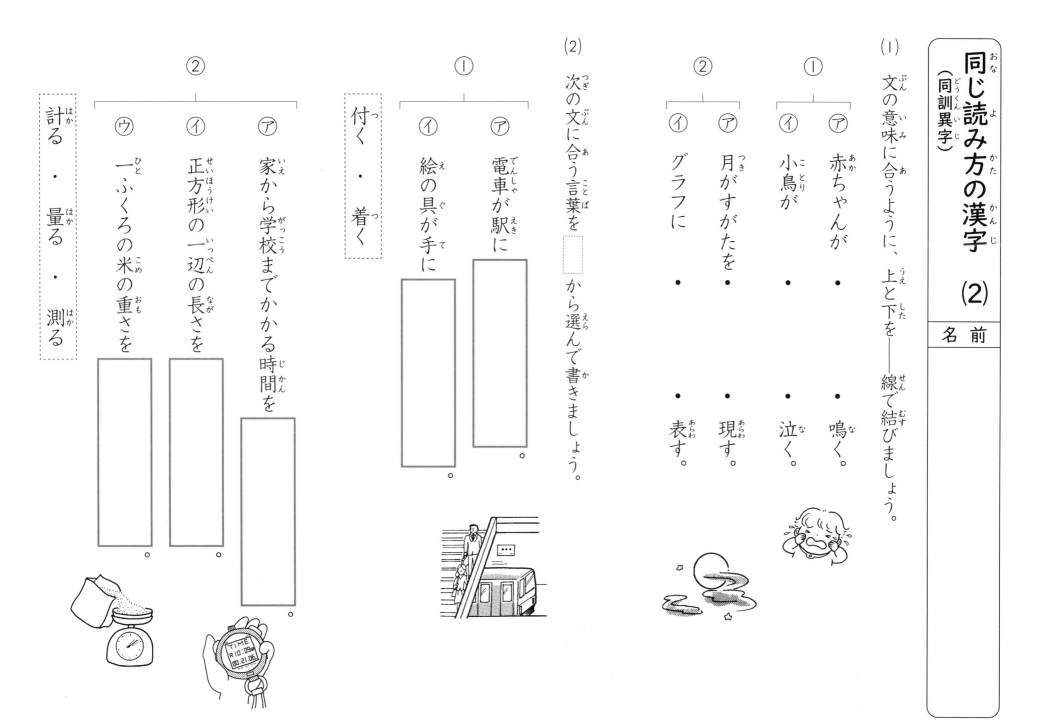

同《おな》じ読《よ》み方《かた》の漢字《かんじ》 (3)

(同音異義語《どういおんいぎご》)

名前

(1) 線《せん》の言葉《ことば》に合《あ》う漢字《かんじ》を下《した》から選《えら》んで——線《せん》で結《むす》びましょう。

① ㋐ 発表会《はっぴょうかい》は、二《に》シュウカン後《ご》だ。 ・　・ 週刊

㋑ 書店《しょてん》でシュウカン誌《し》を買《か》う。 ・　・ 週間

② ㋐ 陸上《りくじょう》キョウギ大会《たいかい》に出場《しゅつじょう》する。 ・　・ 協議

㋑ 問題点《もんだいてん》についてキョウギする。 ・　・ 競技

(2) 次《つぎ》の読《よ》み方《かた》の漢字《かんじ》で、文《ぶん》に合《あ》う言葉《ことば》を□から選《えら》んで書《か》きましょう。

① コウエン

㋐ 市民《しみん》ホールで、音楽《おんがく》げきの□□を見《み》る。

㋑ 友達《ともだち》と□□で遊《あそ》ぶ。

公園・公演

② イガイ

㋐ 今日《きょう》は、□□に暑《あつ》い。

㋑ 筆記用具《ひっきようぐ》□□に持《も》っていく必要《ひつよう》はない。

意外・以外

同《おな》じ読《よ》み方《かた》の漢字《かんじ》 (4)

(同音異義語《どうおんいぎご》)

名前

(1) ～～線《せん》の言葉《ことば》に合《あ》う漢字《かんじ》を――線《せん》で結《むす》びましょう。また、その言葉《ことば》の意味《いみ》を――線《せん》で結《むす》びましょう。

① ㋐ ボウフウに備《そな》える。

㋑ ボウフウ林《りん》を作《つく》る。

② ㋐ 山《やま》でコウセキを発見《はっけん》する。

㋑ 先生《せんせい》のコウセキをたたえる。

防風	暴風	鉱石	功績

・風《かぜ》をふせぐこと。

・はげしい風《かぜ》のこと。

・手《て》がら。

・金属《きんぞく》をふくむ石《いし》。

(2) 次《つぎ》の読《よ》み方《かた》の漢字《かんじ》で、文《ぶん》に合《あ》う言葉《ことば》を□から選《えら》んで書《か》きましょう。

① コウカイ

㋐ 大《おお》きな船《ふね》が太平洋《たいへいよう》を□□する。

㋑ 初《はじ》めて□□された絵画《かいが》を見《み》る。

航海 ・ 公開

② ジシン

㋐ みんなの前《まえ》で□□作《さく》を発表《はっぴょう》する。

㋑ □□の最大《さいだい》の力《ちから》を出《だ》そうとがんばった。

自身 ・ 自信

季節《きせつ》の言葉《ことば》2

夏《なつ》の夜《よる》（1）（枕草子《まくらのそうし》　夏《なつ》）

名前

次《つぎ》の清少納言《せいしょうなごん》が書《か》いた「枕草子《まくらのそうし》」の文章《ぶんしょう》を二回音読《にかいおんどく》し、意味《いみ》の文《ぶん》も読《よ》んで、答《こた》えましょう。

〈もとの文《ぶん》〉

夏《なつ》は夜《よる》。月《つき》のころは
さらなり、闇《やみ》もなほ《(お)》、
蛍《ほたる》の多《おお》く飛《と》びちがひ《(い)》たる。
また、ただ一《ひと》つ二《ふた》つなど、
ほのかにうち光《ひか》りて
行《い》くもを《(お)》かし。
雨《あめ》など降《ふ》るもを《(お)》かし。

〈意味《いみ》の文《ぶん》〉

夏《なつ》は夜《よる》がよい。月《つき》のころは
言《い》うまでもないが、月《つき》のない
闇夜《やみよ》でもやはり、蛍《ほたる》がたくさん
飛《と》びかっているのは㋐よい。
ただ一《いっ》ぴき二《に》ひきと、
かすかに光《ひか》りながら飛《と》んで
いくのも、しみじみとしてよい。
㋑雨《あめ》などが降《ふ》るのもよいものである。

（令和二年度版　光村図書　国語五　銀河　「季節の言葉2　夏の夜」による）

(1) 声《こえ》に出《だ》して読《よ》むとき、次《つぎ》の言葉《ことば》は、何《なん》と読《よ》みますか。ひらがなで書《か》きましょう。

① なほ　［　　　］

② 飛《と》びちがひたる　［　　　］

(2) 作者《さくしゃ》の清少納言《せいしょうなごん》は、夏《なつ》は、一日《いちにち》のうちのいつがよいといっていますか。一文字《ひともじ》で書《か》きましょう。

□

(3) 作者《さくしゃ》は、夏《なつ》の夜《よる》に見《み》られる、何《なに》が㋐よいといっていますか。二《ふた》つ書《か》きましょう。（習《なら》っていない漢字《かんじ》は、ひらがなで書《か》きましょう。）

［　　　］
［　　　］

(4) ㋑雨《あめ》などが降《ふ》るのもよいものであるといっている〈もとの文《ぶん》〉を書《か》きましょう。

［雨《あめ》など降《ふ》るも□□□。］

季節《きせつ》の言葉《ことば》2

夏《なつ》の夜《よる》 (2)

名前

(1) 次《つぎ》の夏《なつ》の言葉《ことば》の意味《いみ》が完成《かんせい》するように、（　）にあてはまる言葉《ことば》を［　］から選《えら》んで書《か》きましょう。

① 炎天《えんてん》

（　　　）と焼《や》けつくような真夏《まなつ》の空《そら》のこと。

［きらきら　・　ぎらぎら］

② 涼風《すずかぜ》

夏《なつ》の終《お》わりごろにふく、（　　　）風《かぜ》のこと。

［すずしい　・　あたたかい］

③ 夏《なつ》おしむ

夏《なつ》が終《お》わってしまうことを（　　　）思《おも》う気《き》持《も》ちのこと。

［うれしく　・　残念《ざんねん》に］

(2) 次《つぎ》の俳句《はいく》を読《よ》んで、答《こた》えましょう。

炎天《えんてん》にすこし生《う》まれし日《ひ》かげかな　　高浜《たかはま》　虚子《きょし》

（令和二年度版　光村図書　国語五　銀河「季節の言葉２　夏の夜」による）

① 五《ご》・七《しち》・五《ご》のリズムで読《よ》めるように、上《うえ》の俳句《はいく》を／線《せん》で区切《くぎ》りましょう。

② 少《すこ》し生《う》まれたのは、何《なん》だといっていますか。○をつけましょう。

（　）太陽《たいよう》の光《ひかり》

（　）日《ひ》かげ

本《ほん》は友達《ともだち》

作《さっ》家《か》で広《ひろ》げるわたしたちの読書《どくしょ》

名前

教科書《きょうかしょ》の「作家《さっか》で広《ひろ》げるわたしたちの読書《どくしょ》」を読《よ》んで、答《こた》えましょう。

● 作家《さっか》（本《ほん》を書《か》いた人《ひと》）に着目《ちゃくもく》して読《よ》んだ本《ほん》を、友達《ともだち》としょうかいし合《あ》います。次《つぎ》のしょうかいカードの文章《ぶんしょう》を読《よ》んで、問題《もんだい》に答《こた》えましょう。

重松清《しげまつきよし》さんの本《ほん》

共感《きょうかん》したり，考《かんが》えさせられたりする本《ほん》がたくさんある。

「はじめての文学《ぶんがく》 重松《しげまつ》 清《きよし》」表紙《ひょうし》

「おじいちゃんの大切《たいせつ》な一日《いちにち》」表紙《ひょうし》

「はじめての文学《ぶんがく》 重松《しげまつ》 清《きよし》」

小学生《しょうがくせい》や中学生《ちゅうがくせい》が出《で》てくる短編集《たんぺんしゅう》です。登場人物《とうじょうじんぶつ》はみんな，どこかわたしたちに似《に》ています。特《とく》に，「カレーライス」がおすすめです。

「おじいちゃんの大切《たいせつ》な一日《いちにち》」

おじいちゃんが働《はたら》いているところを見《み》たことがありますか。どんな大人《おとな》になりたいか，ちょっと考《かんが》えてみたくなる物語《ものがたり》です。

（令和二年度版　光村図書　国語五　銀河　「作家で広げるわたしたちの読書」による）

(1) 何《なん》というカ作家《さっか》をしょうかいしているカードですか。

(2) 右《みぎ》のカードでは、何《なん》さつの本《ほん》をしょうかいしていますか。一《ひと》つに○をつけましょう。

（　）一《いっ》さつ

（　）二《に》さつ

（　）三《さん》さつ

(3) 右《みぎ》のカードには、しょうかいしている作家《さっか》の本《ほん》のみりょくを分《わ》かりやすく伝《つた》えるキャッチコピーが書《か》いてあります。カードの中《なか》から書《か》き出《だ》しましょう。

カレーライス (1)

名前

● 教科書《きょうかしょ》の「カレーライス」の全文《ぜんぶん》を読《よ》んだ後《あと》、次《つぎ》の文章《ぶんしょう》を二回《にかい》読《よ》んで、答《こた》えましょう。

1

〔六年生《ろくねんせい》のひろしは、ゲーム機《き》の電源《でんげん》をいきなり切《き》られたことをきっかけに、お父《とう》さんとけんかをして、三日《みっか》も仲直《なかなお》りができないでいる。〕

翌朝《よくあさ》、自分《じぶん》の部屋《へや》から起《お》き出《だ》したぼくと入《い》れかわるように、お父《とう》さんは、「悪《わる》いけど、先行《さきい》くからな。」と、朝食《ちょうしょく》も食《た》べずに家《いえ》を出《で》ていった。「お父《とう》さんウィーク」では、よくあることだ。会社《かいしゃ》から早《はや》く帰《かえ》ってくる分《ぶん》、朝《あさ》は㋐一番乗《いちばんの》りして、ゆうべできなかった仕事《しごと》をかたづけるのだ。

2

お母《かあ》さんはまだねている。これも、㋑「お父《とう》さんウィーク」のいつものパターン。仕事《しごと》がいそがしい一週間《いっしゅうかん》のうち、特《とく》にいそがしい何日《なんにち》かは、家《いえ》に帰《かえ》るのが真夜中《まよなか》の二時《にじ》や三時《さんじ》になる。その代《か》わり、次《つぎ》の日《ひ》はふだんより少《すこ》しだけゆっくり出勤《しゅっきん》すればいいのだという。

（令和二年度版　光村図書　国語五　銀河　重松《しげまつ》　清《きよし》）

1

(1) 朝食《ちょうしょく》も食《た》べずに家《いえ》を出《で》ていったのは、だれですか。

(2) ㋐一番乗《いちばんの》りとは、どんな意味《いみ》ですか。○をつけましょう。

（　）いちばん先《さき》に着《つ》くこと。

（　）いちばんに出発《しゅっぱつ》すること。

(3) 会社《かいしゃ》に一番乗《いちばんの》りしたお父《とう》さんは、どんな仕事《しごと》をしますか。文中《ぶんちゅう》の言葉《ことば》で書《か》きましょう。

2

(1) どんなことが、㋑「お父《とう》さんウィーク」のいつものパターンなのですか。

お母《かあ》さんがまだ　　　　こと。

(2) お母《かあ》さんは、仕事《しごと》が特《とく》にいそがしいとき、家《いえ》に帰《かえ》るのが何時《なんじ》になりますか。

カレーライス (2)

名前

● 次《つぎ》の文章《ぶんしょう》を二回《にかい》読《よ》んで、答《こた》えましょう。

1

〔朝《あさ》、起《お》きてきたひろしと入《い》れかわるように、お父《とう》さんは、朝食《ちょうしょく》も食《た》べずに仕事《しごと》に出《で》かけた。〕

食卓《しょくたく》には、目玉焼《めだまや》きと
野菜《やさい》いためのお皿《さら》が出《で》ていた。
黄身《きみ》がくずれているから、
お父《とう》さんが作《つく》って
くれたのだろう。
朝《あさ》は時間《じかん》がないんだから、
おかずなんか作《つく》らなくても
いいのに。目玉焼《めだまや》きぐらい、
ぼくはもう作《つく》れるのに。

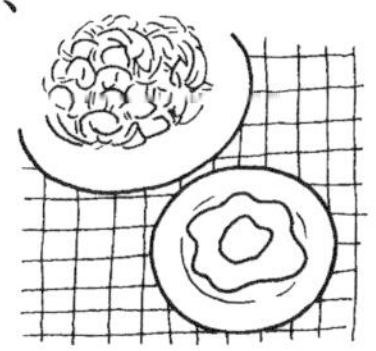

2

でも、お父《とう》さんは、
「火《ひ》を使《つか》うのはあぶないから。」
と、オーブントースターと
電子《でんし》レンジしか使《つか》わせてくれない。
それがいつもくやしくて、でも、
お父《とう》さんがねむい目《め》をこすりながら、
ぼくのために目玉焼《めだまや》きを作《つく》って
くれたんだと思《おも》うとうれしくて、
でもやっぱりくやしくて、そうは
いってもうれしくて――。
「いってらっしゃい。」を言《い》わな
かったから、㋐急《きゅう》に悲《かな》しくなってきた。

（令和二年度版　光村図書　国語五　銀河　重松《しげまつ》　清《きよし》）

1 の文章《ぶんしょう》を読《よ》んで答《こた》えましょう。

食卓《しょくたく》の目玉焼《めだまや》きは、お父《とう》さんが作《つく》ってくれたとひろしが考《かんが》えたのは、なぜですか。

2 の文章《ぶんしょう》を読《よ》んで答《こた》えましょう。

(1) ひろしがくやしいのは、どんなことですか。

という理由《りゆう》で、オーブントースターと電子《でんし》レンジしか使《つか》わせてくれないこと。

(2) ひろしは、どんなことを思《おも》って、うれしくなっていますか。

お父《とう》さんがねむい目《め》をこすりながら、目玉焼《めだまや》きを作《つく》ってくれたということ。

(3) ひろしが㋐急《きゅう》に悲《かな》しくなってきたのは、なぜですか。

お父《とう》さんに

カレーライス (3)

名前

● 次《つぎ》の文章《ぶんしょう》を二回《にかい》読《よ》んで、答《こた》えましょう。

1

［ひろしは、けんかをしたお父《とう》さんに、まだ一言《ひとこと》も口《くち》をきいていない。］

朝食《ちょうしょく》を終《お》えて自分《じぶん》の部屋《へや》にもどったら、ランドセルの下《した》に手紙《てがみ》が置《お》いてあった。

「お父《とう》さんとまだ口《くち》をきいていないの。お父《とう》さん、さびしがっていましたよ。」

絵《え》の得意《とくい》なお母《かあ》さんは、しょんぼりするお父《とう》さんの似顔絵《にがおえ》を手紙《てがみ》にそえていた。

2

学校《がっこう》にいる間《あいだ》、何度《なんど》も心《こころ》の中《なか》で練習《れんしゅう》した。

お父《とう》さん、この前《まえ》はごめんなさい――。

言《い》える言《い》える、だいじょうぶ、だいじょうぶ、だいじょうぶ、と自分《じぶん》を元気《げんき》づけた。

「うげえっ、そんなの言《い》うのってかっこ悪《わる》いよ。」と自分《じぶん》を冷《ひ》やかす自分《じぶん》も、むねのおくのどこかにいるんだけど。

（令和二年度版　光村図書　国語五　銀河　重松《しげまつ》　清《きよし》）

1

(1) 手紙《てがみ》は、どこに置《お》いてありましたか。

(2) 手紙《てがみ》は、だれがかいたものでしたか。

(3) 手紙《てがみ》には、言葉《ことば》のほかに、何《なに》がそえられていましたか。

2

(1) 学校《がっこう》にいる間《あいだ》、ひろしが何度《なんど》も心《こころ》の中《なか》で練習《れんしゅう》したのは、どんな言葉《ことば》でしたか。

(2) むねのおくのどこかにいるのは、どんな自分《じぶん》でしたか。

「ごめんなさい。」と言《い》うのは、［　　　］と自分《じぶん》を［　　　］自分《じぶん》。

カレーライス (4)

名前

● 次《つぎ》の文章《ぶんしょう》を二回《にかい》読《よ》んで、答《こた》えましょう。

1

［ひろしは、学校《がっこう》にいる間《あいだ》、何度《なんど》も心《こころ》の中《なか》でお父《とう》さんに「ごめんなさい」と言《い》う練習《れんしゅう》をした。］

夕方《ゆうがた》、家《いえ》に帰《かえ》ると、お父《とう》さんがいた。

「かぜ、ひいちゃったよ。熱《ねつ》があるから、会社《かいしゃ》を早退《そうたい》して、さっき帰《かえ》ってきたんだ。」

パジャマすがたで居間《いま》に出《で》てきたお父《とう》さんは、本当《ほんとう》に具合《ぐあい》が悪《わる》そうだった。声《こえ》はしわがれて、せきも出《で》ている。

2

「晩《ばん》ご飯《はん》、今夜《こんや》は弁当《べんとう》だな。」

お父《とう》さんがそう言《い》ったとき、思《おも》わず、ぼくは答《こた》えていた。

「何《なに》か作《つく》るよ。ぼく、作《つく》れるから。」

「えっ。」

「だいじょうぶ、作《つく》れるもん。」

お父《とう》さんは、㋐きょとんとしていた。でも、いちばんおどろいているのは、ぼく自身《じしん》だ。

「家《いえ》で作《つく》ったご飯《はん》のほうが栄養《えいよう》あるから、かぜも治《なお》るから。」

なんて、全然《ぜんぜん》言《い》うつもりじゃなかったのに。

（令和二年度版　光村図書　国語五　銀河　重松《しげまつ》　清《きよし》）

1

(1) お父《とう》さんが会社《かいしゃ》を早退《そうたい》して帰《かえ》ってきていたのは、なぜですか。

［　　　　］をひいて［　　　　］があるから。

(2) 具合《ぐあい》が悪《わる》そうなお父《とう》さんの様子《ようす》が分《わ》かる一文《いちぶん》を書《か》き出《だ》しましょう。

［　　　　］

2

(1) 「晩《ばん》ご飯《はん》、今夜《こんや》は弁当《べんとう》だな。」とお父《とう》さんが言《い》ったとき、ぼく（ひろし）は何《なん》と答《こた》えましたか。

［　　　　］

(2) ㋐きょとんとしてとは、どんな意味《いみ》ですか。○をつけましょう。

（　）おどろいて

（　）よろこんで

(3) ぼく（ひろし）の言葉《ことば》にいちばんおどろいているのは、だれでしたか。

［　　　　］

カレーライス (5)

名前

● 教科書《きょうかしょ》の「カレーライス」の全文《ぜんぶん》を読《よ》んだ後《あと》、次《つぎ》の文章《ぶんしょう》を二回《にかい》読《よ》んで、答《こた》えましょう。

1

（ひろしは、かぜで会社《かいしゃ》から早《はや》く帰《かえ》ってきたお父《とう》さんとカレーを作《つく》ることにした。）

お父《とう》さんは笑《わら》って、台所《だいどころ》の戸《と》だなを開《あ》けた。

「㋐おととい買《か》ってきたルウが残《のこ》ってるから、それ使《つか》えよ。」

戸《と》だなから取《と》り出《だ》したのは――甘口《あまくち》。お子《こ》さま向《む》けの、うんとあまいやつ。お母《かあ》さんが、「ひろしはこっちね。」と、ぼくの分《ぶん》だけ別《べつ》のなべでカレーを作《つく》っていた低学年《ていがくねん》のころは、ルウはいつもこれだった。

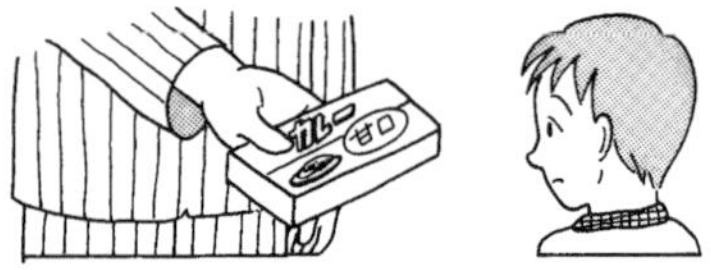

2

「だめだよ、こんなのじゃ。」

㋑ぼくは戸《と》だなの別《べつ》の場所《ばしょ》から、お母《かあ》さんが買《か》い置《お》きしているルウを出《だ》した。

「だって、ひろし、それ『中辛《ちゅうから》』だぞ。からいんだぞ、口《くち》の中《なか》ひいひいしちゃうぞ。」

（令和二年度版　光村図書　国語五　銀河　重松《しげまつ》　清《きよし》）

1

(1) ㋐おととい買《か》ってきたルウは、どんな味《あじ》でしたか。○をつけましょう。

（　）甘口《あまくち》　（　）中辛《ちゅうから》

(2) お父《とう》さんが、戸《と》だなから取《と》り出《だ》した甘口《あまくち》のルウのことを、ひろしはどんなふうに表現《ひょうげん》していますか。

［　　　　　　　］向《む》けの［　　　　　　　］やつ。

(3) お母《かあ》さんが、別《べつ》のなべでひろしに甘口《あまくち》のカレーを作《つく》っていたのは、いつでしたか。

ひろしが［　　　　　　　］のころ。

2

(1) ㋑お母《かあ》さんが買《か》い置《お》きしているルウは、どんな味《あじ》でしたか。

（　）甘口《あまくち》　（　）中辛《ちゅうから》

(2) お父《とう》さんは、「中辛《ちゅうから》」のルウのからさを、ひろしにどんなふうに説明《せつめい》しましたか。

口《くち》の中《なか》［　　　　　　　］ぞ。

カレーライス (6)

● 次《つぎ》の文章《ぶんしょう》を二回《にかい》読《よ》んで、答《こた》えましょう。

名前

1

〔ひろしが、戸《と》だなから中辛《ちゅうから》のルウを出《だ》すと、お父《とう》さんは「それは『中辛《ちゅうから》』だぞ。口《くち》の中《なか》ひいひいしちゃうぞ。」と言《い》った。〕

「何言《なにい》ってんの、お母《かあ》さんと二人《ふたり》のときは、いつもこれだよ。」

お父《とう》さんは、またきょとんとした顔《かお》になった。

「おまえ、もう『中辛《ちゅうから》』なのか。」

意外《いがい》そうに、半信半疑《はんしんはんぎ》できいてくる。

ああ、もう、これだよ。お父《とう》さんって、なあんにも分《わ》かってないんだから。

㋐あきれた。うんざりした。

※半信半疑《はんしんはんぎ》…半分《はんぶん》は信《しん》じ、半分《はんぶん》はうたがうこと。

2

でも、

「そうかあ、ひろしも『中辛《ちゅうから》』なのかあ、そうかそうか。」

と、うれしそうに何度《なんど》もうなずくお父《とう》さんを見《み》ていると、㋑なんだかこっちまでうれしくなってきた。

（令和二年度版　光村図書　国語五　銀河　重松《しげまつ》　清《きよし》）

1

(1) お母《かあ》さんと二人《ふたり》のとき、ひろしはどんな味《あじ》のルウを食《た》べていますか。○をつけましょう。

（　）甘口《あまくち》　（　）中辛《ちゅうから》

(2) お父《とう》さんが意外《いがい》に思《おも》って、半信《はんしん》半疑《はんぎ》だったのは、どんなことですか。○をつけましょう。

（　）ひろしが、もう「中辛《ちゅうから》」のカレーを食《た》べていること。

（　）ひろしが、お母《かあ》さんといつも二人《ふたり》でカレーを作《つく》っていること。

(3) ひろしが、㋐あきれた。うんざりした。のは、なぜですか。

お父《とう》さんが

。

2

ひろしは、何《なに》を見《み》て、㋑なんだかこっちまでうれしくなってきたのですか。文中《ぶんちゅう》の言葉《ことば》で書《か》きましょう。

カレーライス (7)

名前

● 次《つぎ》の文章《ぶんしょう》を二回《にかい》読《よ》んで、答《こた》えましょう。

1

〔「もう『中辛《ちゅうから》』なのかあ。」と、お父《とう》さんがうれしそうに何度《なんど》もうなずくのを見《み》て、ひろしもなんだかうれしくなってきた。〕

二人《ふたり》で作《つく》ったカレーライスができあがった。野菜担当《やさいたんとう》のお父《とう》さんが切《き》ったじゃがいもやにんじんは、やっぱり不格好《ぶかっこう》だったけど、しんが残《のこ》らないようにしっかりにこんだ。台所《だいどころ》にカレーの香《かお》りがぷうんとただよう。カレーはこうでなくっちゃ。

2

お父《とう》さんは、ずっとごきげんだった。

「いやあ、㋐まいったなあ。ひろしももう『中辛《ちゅうから》』だったんだなあ。そうだよなあ、来年《らいねん》から中学生《ちゅうがくせい》なんだもんなあ。」

と、一人《ひとり》でしゃべって、

「かぜも治《なお》っちゃったよ。」

と笑《わら》って、思《おも》いっ切《き》り大《おお》もりにご飯《はん》をよそった。

（令和二年度版　光村図書　国語五　銀河　重松《しげまつ》　清《きよし》）

1

(1) お父《とう》さんが切《き》った野菜《やさい》は、できあがったカレーライスの中《なか》でどんなふうでしたか。○をつけましょう。

（　）形《かたち》がよくなかった。

（　）しんが残《のこ》って、かたかった。

(2) 台所《だいどころ》にただようカレーの香《かお》りをかいで、ひろしはどう思《おも》いましたか。文中《ぶんちゅう》から一文《いちぶん》を書《か》き出《だ》しましょう。

2

(1) お父《とう》さんは、ずっとどんな様子《ようす》でしたか。文中《ぶんちゅう》の言葉《ことば》四文字《よんもじ》で書《か》きましょう。

(2) ㋐まいったなあ。と言《い》っているお父《とう》さんの気持《きも》ちに合《あ》うものに○をつけましょう。

（　）ひろしが以前《いぜん》とちがって「中辛《ちゅうから》」を食《た》べることを悲《かな》しんでいる。

（　）いつのまにか「中辛《ちゅうから》」を食《た》べるようになっていた、ひろしの成長《せいちょう》をよろこんでいる。

カレーライス (8)

名前

● 次《つぎ》の文章《ぶんしょう》を二回《にかい》読《よ》んで、答《こた》えましょう。

1

〔ひろしとお父《とう》さんの二人《ふたり》で作《つく》ったカレーライスができあがった。お父《とう》さんは、ずっとごきげんだった。〕

食卓《しょくたく》に向《む》き合《あ》ってすわった。

「ごめんなさい。」は言《い》えなかったけど、お父《とう》さんはごきげんだし、「今度《こんど》は別《べつ》の料理《りょうり》も二人《ふたり》で作《つく》ろうか。」と約束《やくそく》したし、㋐残《のこ》り半分《はんぶん》になった今月《こんげつ》の「お父《とう》さんウィーク」は、いつもよりちょっと楽《たの》しく過《す》ごせそうだ。

2

「じゃあ、いただきまあす。」

口《くち》を大《おお》きく開《あ》けてカレーをほお張《ば》った。

㋑ぼくたちの特製《とくせい》カレーは、ぴりっとからくて、でも、ほんのりあまかった。

※ほお張《ば》った…ほおがふくらむほど、口《くち》いっぱいに食《た》べ物《もの》をつめこんだ。

（令和二年度版　光村図書　国語五　銀河　重松《しげまつ》　清《きよし》）

1

(1) ㋐残《のこ》り半分《はんぶん》になった今月《こんげつ》の「お父《とう》さんウィーク」は、どんなふうに過《す》ごせそうだとひろしは思《おも》っていますか。

過《す》ごせそうだ。

(2) (1)のようにひろしが思《おも》ったのは、どんなよいことがあったからですか。二《ふた》つ選《えら》んで○をつけましょう。

（　）「ごめんなさい。」が言《い》えたこと。

（　）お父《とう》さんがごきげんなこと。

（　）お父《とう》さんと、今度《こんど》は別《べつ》の料理《りょうり》を二人《ふたり》で作《つく》る約束《やくそく》をしたこと。

2

(1) ㋑ぼくたちとは、だれとだれですか。一《ひと》つに○をつけましょう。

（　）ひろしとお父《とう》さん

（　）ひろしとお母《かあ》さん

（　）ひろしとお父《とう》さんとお母《かあ》さん

(2) ぼくたちの特製《とくせい》カレーは、どんな味《あじ》がしましたか。文中《ぶんちゅう》の言葉《ことば》で書《か》きましょう。

からたちの花《はな》

名前

● 次《つぎ》の詩《し》を二回《にかい》読《よ》んで、答《こた》えましょう。

からたちの花《はな》

北原《きたはら》　白秋《はくしゅう》

一連《いちれん》

からたちの花《はな》が咲《さ》いたよ。
白《しろ》い白《しろ》い花《はな》が咲《さ》いたよ。

二連《にれん》

からたちのとげはいたいよ。
青《あお》い青《あお》い針《はり》のとげだよ。

三連《さんれん》

からたちは畑《はた》の垣根《かきね》よ。
いつもいつもとおる道《みち》だよ。

四連《よんれん》

からたちも秋《あき》はみのるよ。
まろいまろい金《きん》のたまだよ。

五連《ごれん》

からたちのそばで泣《な》いたよ。
みんなみんなやさしかったよ。

六連《ろくれん》

からたちの花《はな》が咲《さ》いたよ。
白《しろ》い白《しろ》い花《はな》が咲《さ》いたよ。

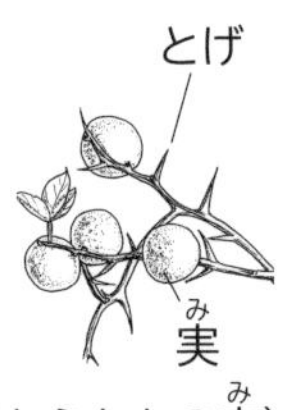

（からたちの実《み》）

（からたちの花《はな》）

※まろい…「まるい」の古《ふる》い言《い》い方《かた》。

（令和二年度版　光村図書　国語五　銀河　北原　白秋）

(1) この詩《し》は、二行《にぎょう》ずつ六連《ろくれん》でできています。同《おな》じ文《ぶん》になっているのは、第何連《だいなんれん》と第何連《だいなんれん》ですか。

第《だい》□連《れん》と　第《だい》□連《れん》。

(2) すべての連《れん》の最初《さいしょ》の言葉《ことば》は、どんな言葉《ことば》で始《はじ》まっていますか。共通《きょうつう》する言葉《ことば》を四文字《よんもじ》で書《か》きましょう。

□□□□

(3) すべての行《ぎょう》の最後《さいご》は、同《おな》じ字《じ》になっています。共通《きょうつう》する一文字《いちもじ》を書《か》きましょう。

□

(4) 「からたち」の何《なに》について書《か》かれていますか。三《みっ》つに○をつけましょう。

（　）花《はな》　（　）とげ

（　）葉《は》っぱ　（　）実《み》

(5) 詩《し》の中《なか》から、作者《さくしゃ》の思《おも》い出《で》を書《か》いている一連《いちれん》を書《か》き出《だ》しましょう。

どちらを選《えら》びますか

名前

教科書《きょうかしょ》の「どちらを選《えら》びますか」を読《よ》んで、答《こた》えましょう。

校長先生《こうちょうせんせい》は、犬《いぬ》とねこのどちらを飼《か》うかまよっています。校長先生《こうちょうせんせい》に犬《いぬ》とねこをそれぞれの立場《たちば》からすすめます。犬《いぬ》をすすめるチームとねこをすすめるチームに分《わ》かれて質疑応答《しつぎおうとう》をしました。次《つぎ》の質疑応答《しつぎおうとう》の一部《いちぶ》の文章《ぶんしょう》を読《よ》んで、問題《もんだい》に答《こた》えましょう。

（※質疑応答《しつぎおうとう》…質問《しつもん》したり答《こた》えたりすること。）

犬《いぬ》　わたしたちは、犬《いぬ》がいいと思《おも》います。理由《りゆう》は三《みっ》つです。一《ひと》つ目《め》は、毎日《まいにち》いっしょに散歩《さんぽ》に行《い》けること。二《ふた》つ目《め》は、飼《か》い主《ぬし》になついて家族《かぞく》のようになれること。三《みっ》つ目《め》は、いろんな芸《げい》をおぼえることです。

司会《しかい》　何《なに》か質問《しつもん》はありますか。

ねこ　犬《いぬ》チームに質問《しつもん》です。犬《いぬ》は、毎日《まいにち》いっしょに散歩《さんぽ》に行《い》けると言《い》いましたが、毎日散歩《まいにちさんぽ》に行《い》くのは大変《たいへん》ではないですか。ねこは散歩《さんぽ》がいらないから楽《らく》ちんです。

犬《いぬ》　そうかもしれませんが、毎日《まいにち》の散歩《さんぽ》が飼《か》い主《ぬし》にとっても、いい気分《きぶん》てんかんにもなるし、校長先生《こうちょうせんせい》には、軽《かる》い運動《うんどう》にもなって健康的《けんこうてき》です。

ねこ　確《たし》かに、そう言《い》われるとそんな気《き》がします。

(1) ねこチームは、犬《いぬ》チームの挙《あ》げた理由《りゆう》のうち、どのことについて質問《しつもん》していますか。

(2) ねこチームは、犬《いぬ》チームに対《たい》して何《なん》と質問《しつもん》しましたか。文中《ぶんちゅう》から書《か》き出《だ》しましょう。

(3) 犬《いぬ》チームは、ねこチームの質問《しつもん》に対《たい》して、どんな意見《いけん》で答《こた》えましたか。二《ふた》つ選《えら》んで○をつけましょう。

（　）犬《いぬ》のためには大変《たいへん》でも仕方《しかた》がない。
（　）飼《か》い主《ぬし》にもいい気分《きぶん》てんかんになる。
（　）校長先生《こうちょうせんせい》の健康《けんこう》にもよい。

(4) ねこチームは、犬《いぬ》チームの答《こた》えをどう思《おも》いましたか。○をつけましょう。

（　）説得力《せっとくりょく》があった。
（　）説得力《せっとくりょく》がなかった。

新聞《しんぶん》を読《よ》もう

名前

教科書《きょうかしょ》の「新聞《しんぶん》を読《よ》もう」を読《よ》んで、答《こた》えましょう。

(1) 新聞《しんぶん》の一面《いちめん》には、次《つぎ》の①〜③のような部分《ぶぶん》があります。それぞれの言葉《ことば》の説明《せつめい》にあてはまるものを□から選《えら》んで、記号《きごう》で答《こた》えましょう。

① 見出《みだ》し □

② リード文《ぶん》 □

③ 本文《ほんぶん》 □

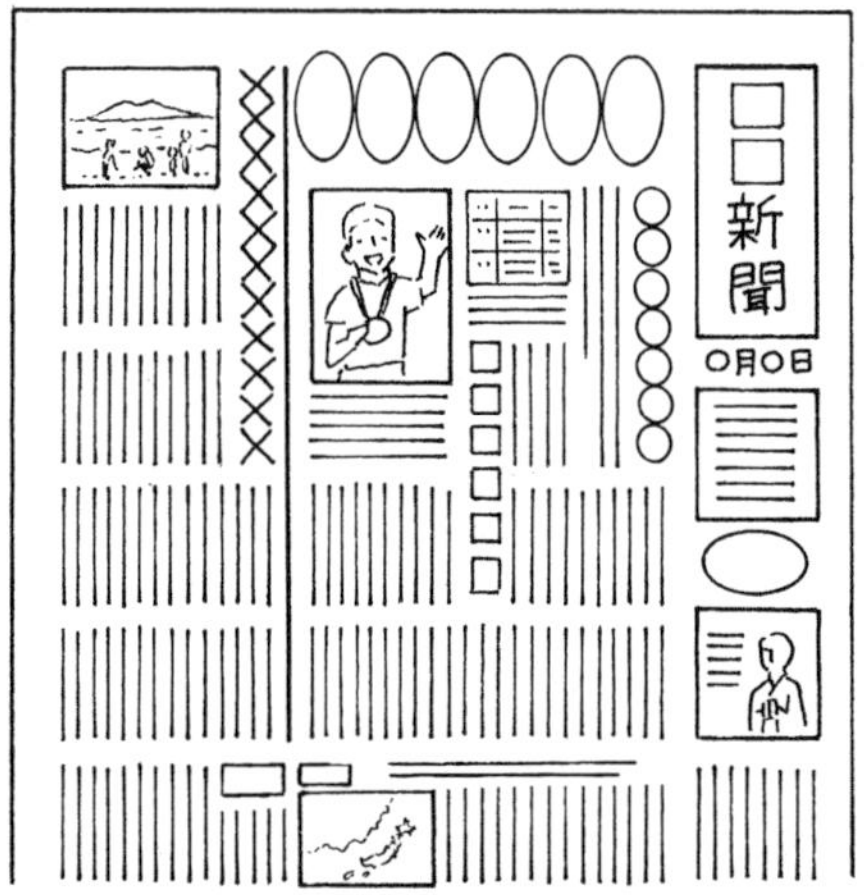

ア 出来事《できごと》のくわしい内容《ないよう》。解説《かいせつ》が加《くわ》わることもある。

イ 記事《きじ》の題《だい》に当《あ》たる。短《みじか》い言葉《ことば》で、内容《ないよう》がひと目《め》で分《わ》かるように書《か》かれている。

ウ 記事《きじ》の内容《ないよう》を短《みじか》くまとめたもの。長《なが》い記事《きじ》のとき、本文《ほんぶん》の前《まえ》に付《つ》けられる。

(2) 新聞《しんぶん》のページは、「面《めん》」とよばれます。次《つぎ》の記事《きじ》は、新聞《しんぶん》のどの面《めん》に書《か》かれていますか。□から選《えら》んで、記号《きごう》で答《こた》えましょう。

① プロ野球《やきゅう》の試合《しあい》の結果《けっか》について書《か》かれた記事《きじ》。 □

② 交通事故《こうつうじこ》の数《かず》の変化《へんか》について書《か》かれた記事《きじ》。 □

ア 社会面《しゃかいめん》　イ スポーツ面《めん》

敬語《けいご》（1）

名前

教科書《きょうかしょ》の「敬語《けいご》」を読《よ》んで、答《こた》えましょう。

(1) 敬語《けいご》には、次《つぎ》の三種類《さんしゅるい》があります。どのようなときに使《つか》うとよいのかを、［　］から選《えら》んで、記号《きごう》で答《こた》えましょう。

① ていねい語《ご》　［　］

② 尊敬語《そんけいご》　［　］

③ けんじょう語《ご》　［　］

㋐ 自分《じぶん》や身内《みうち》の者《もの》の動作《どうさ》をけんそんして言《い》うことで、その動作《どうさ》を受《う》ける人《ひと》への敬意《けいい》を表《あらわ》すとき。

㋑ 相手《あいて》（聞《き》き手《て》や読《よ》み手《て》）に対《たい》して、ていねいな言葉《ことば》で敬意《けいい》を表《あらわ》すとき。

㋒ 相手《あいて》や話題《わだい》になっている人《ひと》をうやまう気持《き》《も》ちを表《あらわ》すとき。

(2) 次《つぎ》の――線《せん》の敬語《けいご》の種類《しゅるい》を［　］から選《えら》んで、記号《きごう》で答《こた》えましょう。

① 駅《えき》には、あと五分《ごふん》で着きます。　［　］

② おばさんからおみやげをいただきました。　［　］

③ 校長先生《こうちょうせんせい》が大事《だいじ》なことをおっしゃいました。　［　］

㋐ ていねい語《ご》　㋑ 尊敬語《そんけいご》　㋒ けんじょう語《ご》

敬語《けいご》(2)(ていねい語《ご》)

名前

相手《あいて》(聞《き》き手《て》や読《よ》み手《て》)に対《たい》して、「です」「ます」や、「ございます」などの言葉《ことば》を使《つか》って ていねいな言葉《ことば》で敬意《けいい》を表《あらわ》します。このような言葉《ことば》を「ていねい語《ご》」と言《い》います。

(1) 文中《ぶんちゅう》の——線《せん》の言葉《ことば》を、ていねいな言《い》い方《かた》(ていねい語《ご》)に書《か》き直《なお》しましょう。

① ぼくがおすすめしたい本《ほん》は、二《に》さつある。

あります

② 山本《やまもと》さんの意見《いけん》に、さんせいだ。

③ 週末《しゅうまつ》に、動物園《どうぶつえん》に行《い》く。

④ さあ、みんなで音読《おんどく》しよう。

⑤ ありがとう。

(2) 言葉《ことば》の上《うえ》に「お」をつけると、ていねいな言《い》い方《かた》(ていねい語《ご》)になります。次《つぎ》の言葉《ことば》を、ていねい語《ご》に書《か》き直《なお》しましょう。

① 金《かね》

お金

② 茶《ちゃ》

③ 湯《ゆ》

敬語《けいご》(3)

(尊敬語《そんけいご》)

名前

相手《あいて》や話題《わだい》になっている人《ひと》をうやまう気持《きも》ちを表《あらわ》すときの言《い》い方《かた》を「尊敬語《そんけいご》」といいます。

「尊敬語《そんけいご》」には、次《つぎ》の四《よっ》つの種類《しゅるい》があります。

① 特別《とくべつ》な言葉《ことば》を使《つか》った言《い》い方《かた》。
〈例《れい》〉いらっしゃる（いる・来《く》る・行《い》く）、おっしゃる（言《い》う）、くださる（くれる）など。

② 「お（ご）―になる」という言《い》い方《かた》。
〈例《れい》〉校長先生《こうちょうせんせい》がお話《はな》しになる。

③ 言葉《ことば》のあとに「れる（られる）」をつける。
〈例《れい》〉先生《せんせい》は、今《いま》、帰《かえ》られた。

④ 言葉《ことば》の初《はじ》めに「お」「ご」とつける。
〈例《れい》〉ご卒業《そつぎょう》おめでとうございます。

● 文中《ぶんちゅう》の――線《せん》の言葉《ことば》を、「いらっしゃる」などの尊敬語《そんけいご》の特別《とくべつ》な言葉《ことば》に書《か》き直《なお》しましょう。

① 校長先生《こうちょうせんせい》が、校長室《こうちょうしつ》にいる。　いらっしゃる

② 校長先生《こうちょうせんせい》が、昨日《きのう》のことを言《い》う。

③ お客様《きゃくさま》が、おかしをくれる。

④ お客様《きゃくさま》が、家《いえ》に来《き》た。

⑤ 先生《せんせい》は、音楽室《おんがくしつ》へ行《い》った。

⑥ 先生《せんせい》が、本《ほん》をくれた。

敬語《けいご》（4）
（尊敬語《そんけいご》）

名前

（1）文中《ぶんちゅう》の——線《せん》の言葉《ことば》を、「お（ご）——する」という言《い》い方《かた》の尊敬語《そんけいご》に書《か》き直《なお》しましょう。

① 先生《せんせい》が、新聞《しんぶん》を読《よ》む。

お読みになる

② 先生《せんせい》が、教室《きょうしつ》で話《はな》す。

③ 先生《せんせい》が、図《ず》をかいた。

（2）文中《ぶんちゅう》の——線《せん》の言葉《ことば》を、「——れる（られる）」という言《い》い方《かた》の尊敬語《そんけいご》に書《か》き直《なお》しましょう。

① お客様《きゃくさま》は、今《いま》、帰《かえ》る。

帰られる

② 校長先生《こうちょうせんせい》が、話《はな》す。

③ 先生《せんせい》が、教室《きょうしつ》に来《き》た。

（3）物事《ものごと》を表《あらわ》す言葉《ことば》に「お」や「ご」をつけると、尊敬語《そんけいご》になります。次《つぎ》の言葉《ことば》を、尊敬語《そんけいご》に書《か》き直《なお》しましょう。

① 留守《るす》

お留守

② 元気《げんき》

③ 卒業《そつぎょう》

ご卒業

④ 入学《にゅうがく》

敬語《けいご》(5)（けんじょう語《ご》）

名前

自分《じぶん》や身内《みうち》（家族《かぞく》など）のすることをけんそんして言《い》うことで、相手《あいて》をうやまう気持《きも》ちを表《あらわ》す言《い》い方《かた》を「けんじょう語《ご》」といいます。「けんじょう語《ご》」には、次《つぎ》の二《ふた》つの種類《しゅるい》があります。

① 特別《とくべつ》な言葉《ことば》を使《つか》った言《い》い方《かた》。
〈例《れい》〉うかがう（行《い》く・たずねる・聞《き》く）、いただく（食《た》べる・もらう）など。

② 「お（ご）―する」という言《い》い方《かた》。
〈例《れい》〉お客様《きゃくさま》を、お見送《みおく》りする。

(1) 文中《ぶんちゅう》の――線《せん》の言葉《ことば》を、「うかがう」などの、けんじょう語《ご》の特別《とくべつ》な言葉《ことば》に書《か》き直《なお》しましょう。

① 私《わたし》は、これから校長室《こうちょうしつ》に行《い》く。
うかがう

② お客様《きゃくさま》からおみやげをもらう。

③ 母《はは》は、先生《せんせい》のお話《はなし》を聞《き》いた。

(2) 文中《ぶんちゅう》の――線《せん》の言葉《ことば》を、「お（ご）――する」という言《い》い方《かた》のけんじょう語《ご》に書《か》き直《なお》しましょう。

① 駅《えき》までの道《みち》をたずねる。
おたずねする

② お客様《きゃくさま》の荷物《にもつ》を持《も》つ。

③ 下校中《げこうちゅう》、先生《せんせい》に会《あ》った。

敬語《けいご》(6)（尊敬語《そんけいご》／けんじょう語《ご》— 特別《とくべつ》な言葉《ことば》）

名前

(1) 次《つぎ》の——線《せん》の言葉《ことば》の尊敬語《そんけいご》を［　］から選《えら》んで書《か》きましょう。

① 先生《せんせい》が絵画《かいが》を見《み》る。

② 先生《せんせい》が家《いえ》に来《く》る。

③ 先生《せんせい》がご飯《はん》を食《た》べる。

おいでになる ・ めし上《あ》がる ・ ごらんになる

(2) 次《つぎ》の——線《せん》の言葉《ことば》のけんじょう語《ご》を［　］から選《えら》んで書《か》きましょう。

① 手作《てづく》りのおかしを食《た》べる。

② 駅《えき》で先生《せんせい》に会《あ》う。

③ 先生《せんせい》に花《はな》をあげる。

④ 母《はは》が、先生《せんせい》にお礼《れい》を言《い》う。

差《さ》し上《あ》げる ・ お目《め》にかかる ・ 申《もう》し上《あ》げる ・ いただく

敬語《けいご》(7)

名前

(1) 次《つぎ》の――線《せん》の言葉《ことば》を、〈 〉に示《しめ》した敬語《けいご》に直《なお》すとき、あてはまるほうに○をつけましょう。

① いっしょに帰《かえ》ろう。 〈ていねい語《ご》〉
↓
( ) 帰《かえ》ります
( ) 帰《かえ》りましょう

② 先生《せんせい》がおかしを食《た》べる。 〈尊敬語《そんけいご》〉
↓
( ) めし上《あ》がる
( ) いただく

③ 先生《せんせい》の話《はなし》を聞《き》く。 〈けんじょう語《ご》〉
↓
( ) お聞《き》きになる
( ) うかがう

(2) 次《つぎ》の――線《せん》の言葉《ことば》を、〈 〉に示《しめ》した敬語《けいご》に書《か》き直《なお》しましょう。

① もうすぐ、先生《せんせい》が来《き》ます。 〈尊敬語《そんけいご》〉

② 今《いま》すぐそちらに行《い》きます。 〈けんじょう語《ご》〉

③ 先生《せんせい》が大切《たいせつ》なことを言《い》った。 〈尊敬語《そんけいご》〉

④ ご卒業《そつぎょう》おめでとう。 〈ていねい語《ご》〉

たずねびと (1)

名前

● 教科書《きょうかしょ》の「たずねびと」の全文《ぜんぶん》を読《よ》んだ後《あと》、次《つぎ》の文章《ぶんしょう》を二回読《にかいよ》んで、答《こた》えましょう。

1

〔綾《あや》は、兄《あに》と二人《ふたり》だけで広島《ひろしま》に向《む》かった。路面電車《ろめんでんしゃ》を橋《はし》の手前《てまえ》で下《お》りると、すぐ目《め》の前《まえ》に原爆《げんばく》ドームがあった。〕

㋐秋《あき》の空《そら》は高《たか》く青《あお》くすんで、ゆったり流《なが》れる川《かわ》にも空《そら》の色《いろ》がうつっていた。ほね組《ぐ》みがむきだしのドームがその場《ば》にあるのが不思議《ふしぎ》なくらい、明《あか》るくて晴《は》れ晴《ば》れとした景色《けしき》だった。

――㋑ここが爆心地《ばくしんち》なのか。

ここで本当《ほんとう》にたくさんの人《ひと》が死《し》んだの――。

※原爆《げんばく》ドーム…原子爆弾《げんしばくだん》の被害《ひがい》を今《いま》に伝《つた》えている。世界遺産《せかいいさん》。

※爆心地《ばくしんち》…爆発《ばくはつ》の中心地《ちゅうしんち》。原爆《げんばく》が爆発《ばくはつ》したところ。

2

お兄《にい》ちゃんも、独《ひと》り言《ごと》みたいにつぶやいた。

「㋒信《しん》じられないよな。水面《すいめん》が見《み》えないくらい、びっしり人《ひと》がういてたなんて。」

その川《かわ》をわたって、慰霊碑《いれいひ》にお参《まい》りしてから、まず平和記念《へいわきねん》資料館《しりょうかん》に向《む》かった。

※慰霊碑《いれいひ》…死者《ししゃ》の霊《れい》をなぐさめるための石碑《せきひ》。

(令和二年度版　光村図書　国語五　銀河　朽木《くつき》　祥《しょう》)

1

(1) ㋐秋《あき》の空《そら》は高《たか》く…空《そら》の色《いろ》がうつっていた。とありますが、綾《あや》はこの様子《ようす》を見《み》て、どんな景色《けしき》だと感《かん》じていますか。

□□□□て□□□□とした景色《けしき》。

(2) ㋑ここにあるものは、何《なん》ですか。文中《ぶんちゅう》の言葉《ことば》で書《か》きましょう。

（　　　　）のドーム。

2

㋒信《しん》じられないよな。について答《こた》えましょう。

① だれが言《い》った言葉《ことば》ですか。

（　　　　）

② 何《なに》が信《しん》じられないというのですか。文中《ぶんちゅう》の言葉《ことば》で書《か》きましょう。

目《め》の前《まえ》に流《なが》れる川《かわ》の（　　　　）なんてこと。

たずねびと (2)

名前

● 次《つぎ》の文章《ぶんしょう》を二回《にかい》読《よ》んで、答《こた》えましょう。

1

［広島《ひろしま》に行《い》った綾《あや》と兄《あに》の二人《ふたり》は、平和記念資料《へいわきねんしりょう》館《かん》に向《む》かった。］

資料館《しりょうかん》を半分《はんぶん》も見《み》て回《まわ》らないうちに、わたしは頭《あたま》がくらくらしてきた。何《なに》もかも信《しん》じられないことばかりだった。

※くらくら…めまいがしてたおれそうなようす。

2

だけど、陳列《ちんれつ》ケースにならべられた、ご飯《はん》が炭化《たんか》した弁当箱《べんとうばこ》、くにゃりととけてしまったガラスびん、八時十五分《はちじじゅうごふん》で止《と》まったうで時計《どけい》が、そして、焼《や》けただれた三輪車《さんりんしゃ》や石段《いしだん》に残《のこ》る人《ひと》の形《かたち》のかげが、「本当《ほんとう》なんです。あなたは知《し》らなかったの。」と問《と》いかけてくるような気《き》がした。原爆《げんばく》の閃光《せんこう》や熱風《ねっぷう》、四千度《よんせんど》もの熱《ねつ》のせいで、この持《も》ち主《ぬし》たちは、ほとんどみんな死《し》んでしまったのだ。

——たった一発《いっぱつ》の爆弾《ばくだん》で、こんなひどいことになるなんて。

（令和二年度版　光村図書　国語五　銀河　朽木《くつき》　祥《しょう》）

1

資料館《しりょうかん》を見《み》て回《まわ》るうちに、「わたし（綾《あや》）」は、どうなりましたか。

何《なに》もかも［　　　　］ことばかりで、頭《あたま》が［　　　　］してきた。

2

(1) 綾《あや》が資料館《しりょうかん》の陳列《ちんれつ》ケースで見《み》たものを五《いつ》つ見《み》つけて、上《うえ》の文章《ぶんしょう》に——線《せん》を引《ひ》きましょう。

(2) 綾《あや》は、陳列《ちんれつ》ケースで見《み》たものが、何《なん》と言《い》って問《と》いかけてくるように感《かん》じられましたか。文中《ぶんちゅう》から書《か》き出《だ》しましょう。

［　　　　］

(3) 綾《あや》は、原爆《げんばく》のせいで起《お》こったことを資料館《しりょうかん》で見《み》て、どのように思《おも》いましたか。

たった一発《いっぱつ》の爆弾《ばくだん》で［　　　　］になるなんて。

たずねびと (3)

名前

● 教科書《きょうかしょ》の「たずねびと」の全文《ぜんぶん》を読《よ》んだ後《あと》、次《つぎ》の文章《ぶんしょう》を二回《にかい》読《よ》んで、答《こた》えましょう。

1

［資料館《しりょうかん》の展示《てんじ》の説明板《せつめいばん》には「この年《とし》の終《お》わりまでには約十四万人《やくじゅうよんまんにん》の人《ひと》がなくなりました」とあった。］

あ「十四万人《じゅうよんまんにん》なんて、想像《そうぞう》できないよ。」

い「――綾《あや》の小学校《しょうがっこう》って、今《いま》、全校《ぜんこう》で何人《なんにん》だっけ。」

う「一学年《いちがくねん》が百人《ひゃくにん》ちょっとだから、七百人《ななひゃくにん》もいないかなあ。」

え「じゃ、その何倍《なんばい》くらいか考《かんが》えてみたら。どんなに大勢《おおぜい》か、分《わ》かるだろ。」

2

わたしは、朝礼《ちょうれい》のときの校庭《こうてい》を思《おも》いうかべた。ずらっとならんだ頭《あたま》、頭《あたま》、頭《あたま》。

――十四万人《じゅうよんまんにん》って、校庭《こうてい》の頭《あたま》の数《かず》の二百倍《にひゃくばい》だ。小学校《しょうがっこう》二百校《にひゃくこう》分《ぶん》ってこと。そんなにたくさんの人《ひと》が、たった一発《いっぱつ》の爆弾《ばくだん》のせいで、この世《よ》からいなくなってしまったなんて。

（令和二年度版　光村図書　国語五　銀河　朽木《くつき》　祥《しょう》）

1

(1) 上《うえ》のあ～えは、綾《あや》とお兄《にい》ちゃんの会話《かいわ》です。それぞれ、だれが言《い》った言葉《ことば》ですか。「あや」、または「兄《あに》」と書《か》いて答《こた》えましょう。

あ［　　］　い［　　］　う［　　］　え［　　］

(2) 綾《あや》は、何《なに》を想像《そうぞう》できないと言《い》っていますか。一《ひと》つに○をつけましょう。

（　）爆弾《ばくだん》で人《ひと》がなくなること。
（　）十四万人《じゅうよんまんにん》という数《かず》。
（　）綾《あや》の小学校《しょうがっこう》の全校人数《ぜんこうにんずう》。

2

(1) 「わたし（綾《あや》）」は、十四万人《じゅうよんまんにん》を想像《そうぞう》するために、まず、何《なに》を思《おも》いうかべましたか。

［小学校《しょうがっこう》の［　　］のときの校庭《こうてい》。］

(2) 「わたし（綾《あや》）」が、十四万人《じゅうよんまんにん》を想像《そうぞう》しようとして分《わ》かったことは、どんなことでしたか。

［十四万人《じゅうよんまんにん》とは、校庭《こうてい》の［　　］の［　　］倍《ばい》もの人数《にんずう》だということ。］

たずねびと ⑷

名前

● 教科書《きょうかしょ》の「たずねびと」の全文《ぜんぶん》を読《よ》んだ後《あと》、次《つぎ》の文章《ぶんしょう》を二回《にかい》読《よ》んで、答《こた》えましょう。

1

〔綾《あや》たちは、名前《なまえ》しか分《わ》からない人《ひと》が供養《くよう》されているという場所《ばしょ》を教《おし》えてもらい、やって来《き》た。〕

原爆供養塔《げんばくくようとう》は、小山《こやま》のように大《おお》きな土《ど》まんじゅうだった。しばが植《う》えてあって、てっぺんには小《ちい》さな石《いし》の塔《とう》が建《た》ててあった。

二人《ふたり》で手《て》を合《あ》わせていたら、聞《き》いていたとおり、小《ちい》さなおばあさんがそばに寄《よ》ってきた。手《て》には、ほうきとちりとりを持《も》っていた。おばあさんは、わたしたちがきくより先《さき》に㋐口《くち》を開《ひら》いた。

※土《ど》まんじゅう…土《つち》をまんじゅうのように小高《こだか》くもり上《あ》げて作《つく》った、おはか。

2

供養塔《くようとう》の土《ど》まんじゅうの下《した》には部屋《へや》があって、身元《みもと》の分《わ》からない、およそ七万人《ななまんにん》の人々《ひとびと》のお骨《こつ》と、名前《なまえ》だけ分《わ》かっている八百人余《はっぴゃくにんあま》りの人々《ひとびと》のお骨《こつ》がおさめてあるという。

八百人余《はっぴゃくにんあま》り――ポスターからメモに取《と》った数《かず》だった。

※身元《みもと》…その人《ひと》の氏名《しめい》、住所《じゅうしょ》、生《う》まれなど。
※お骨《こつ》…死《し》んだ人《ひと》のほね。

（令和二年度版　光村図書　国語五　銀河　朽木《くつき》　祥《しょう》）

1

(1) 原爆供養塔《げんばくくようとう》のてっぺんに建《た》ててあったものは、何《なん》ですか。（習《なら》っていない漢字《かんじ》は、ひらがなで書《か》きましょう。）

［　　　　］

(2) 二人《ふたり》が原爆供養塔《げんばくくようとう》に手《て》を合《あ》わせていたとき、そばに寄《よ》ってきたのは、だれですか。

［　　　　］

(3) ㋐口《くち》を開《ひら》いたとは、どんな意味《いみ》ですか。〇をつけましょう。

（　）話《はな》し始《はじ》めた。
（　）しんこきゅうした。

2

原爆供養塔《げんばくくようとう》の土《ど》まんじゅうの下《した》におさめられているものは、何《なん》ですか。（習《なら》っていない漢字《かんじ》は、ひらがなで書《か》きましょう。）

原爆《げんばく》でなくなった、［　　　　］の分《わ》からない約七万人《やくななまんにん》の人々《ひとびと》の［　　　　］と、［　　　　］だけ分《わ》かっている八百人余《はっぴゃくにんあま》りの人々《ひとびと》の［　　　　］。

たずねびと ⑸

名前

● 次《つぎ》の文章《ぶんしょう》を二回《にかい》読《よ》んで、答《こた》えましょう。

1

〔綾《あや》たちは、原爆供養塔《げんばくくようとう》にいたおばあさんから、供養塔《くようとう》には、身元《みもと》の分《わ》からない人《ひと》や名前《なまえ》だけ分《わ》かっている人《ひと》のお骨《こつ》がおさめてあるときいた。〕

「ここにさえ入《い》れられんかった人《ひと》も、ようけい（たくさん）おりますが。あとかたものう（なく）焼《や》かれたり、川《かわ》を流《なが》されていってしもうたり。㋐数《かず》にも数《かぞ》えられん。」とおばあさんは㋑切《せつ》なそうになげいた。

「せめて名前《なまえ》の分《わ》かっとる人《ひと》らは、いつかだれかがむかえに来《き》てくれはせんかと、市《し》もわたしらもずっとさがしとります。むかえが来《き》て、家族《かぞく》のところにもどった仏《ほとけ》さんもおらんことはないが――。」

※あとかたもなく…なんのあとも残《のこ》さずに。
※仏《ほとけ》さん…死《し》んだ人《ひと》のこと。

2

「何十年《なんじゅうねん》も、だれにもむかえに来《き》てもらえないなんて、どうしてなんですか。」

「もしかしたら、家族《かぞく》もみんなぎせいになったのかもしれんね。じゃが（だけど）、今《いま》でも、どこぞで帰《かえ》りを待《ま》っとる人《ひと》もあるかもしれんと、㋒望《のぞ》みはすてずにおりますがの。」

（令和二年度版　光村図書　国語五　銀河　朽木《くつき》　祥《しょう》）

1

(1) ㋐数《かず》にも数《かぞ》えられん。とは、どういう意味《いみ》ですか。○をつけましょう。

（　）供養塔《くようとう》に入《い》れられなかった人《ひと》は、ほとんどいない。

（　）供養塔《くようとう》に入《い》れられなかった人《ひと》は、なくなった人《ひと》のお骨《こつ》の数《かず》としても記録《きろく》されていない。

(2) ㋑切《せつ》なそうになげいた。とは、どんな意味《いみ》ですか。○をつけましょう。

（　）つらく悲《かな》しそうに言《い》った。

（　）いかりをぶつけて言《い》った。

(3) おばあさんは、どんな人《ひと》のお骨《こつ》ならむかえが来《き》てくれるかもしれないと期待《きたい》していますか。文中《ぶんちゅう》の言葉《ことば》で書《か》きましょう。

2

おばあさんは、どんな㋒望《のぞ》みをもっていますか。

今《いま》でも、どこかで、お骨《こつ》の［　　］を待《ま》っている人《ひと》がいて、その人《ひと》が［　　］に来《き》てくれるのではないかという望《のぞ》み。

たずねびと (6)

名前

● 次《つぎ》の文章《ぶんしょう》を二回《にかい》読《よ》んで、答《こた》えましょう。

1

［綾《あや》たちは、原爆供養塔《げんばくくようとう》でおばあさんから話《はなし》をきいた。］

「――あの、ポスターにね、わたしと名前《なまえ》が同《おな》じ女《おんな》の子《こ》がいたんです。わたし、クスノキアヤっていうんですけど。」

㋐おばあさんの顔《かお》がぱっとかがやいた。お兄《にい》ちゃんがあわてた様子《ようす》で付《つ》け足《た》した。

「遺族《いぞく》とか、知《し》り合《あ》いとかじゃないんです。ただ年《ねん》れいまでいっしょだったから、妹《いもうと》がすごく心《こころ》に残《のこ》ったみたいで――。」

※遺族《いぞく》…死《し》んだ人《ひと》のあとに残《のこ》された家族《かぞく》、親族《しんぞく》。

2

それを聞《き》くと、㋑おばあさんはだまりこんでしまった。

わたしはこまってお兄《にい》ちゃんを見《み》た――おばあさんをがっかりさせてしまったにちがいないと思《おも》ったのだ。

だが、そうではなかった。

おばあさんは、ほうきとちりとりをわきに置《お》くと、しゃがんで供養塔《くようとう》に手《て》を合《あ》わせ、こう言《い》ったのだ。

「アヤちゃん、よかったねえ。もう一人《ひとり》のアヤちゃんがあなたに会《あ》いに来《き》てくれたよ。」

（令和二年度版　光村図書　国語五　銀河　朽木《くつき》　祥《しょう》）

1

(1) ㋐おばあさんの顔《かお》がぱっとかがやいたのは、なぜだと考《かんが》えられますか。○をつけましょう。

（　）綾《あや》の話《はなし》がおもしろかったから。

（　）綾《あや》たちのことを、むかえにきた遺族《いぞく》か知《し》り合《あ》いだと思《おも》ったから。

(2) ㋐おばあさんの顔《かお》がぱっとかがやいたのを見《み》て、お兄《にい》ちゃんはどんな様子《ようす》で言葉《ことば》を付《つ》け足《た》しましたか。

［　　　　　　　］

2

㋑おばあさんはだまりこんでしまったについて答《こた》えましょう。

① おばあさんの様子《ようす》を見《み》て、綾《あや》はどんなことを思《おも》いましたか。文中《ぶんちゅう》の言葉《ことば》で書《か》き出《だ》しましょう。

［　　　　　　　］

② おばあさんは、どんな気持《きも》ちだったのですか。○をつけましょう。

（　）綾《あや》が、なくなったアヤちゃんに会《あ》いに来《き》てくれてうれしい。

（　）綾《あや》が、アヤちゃんの遺族《いぞく》ではないと分《わ》かって悲《かな》しい。

たずねびと (7)

名前

● 次《つぎ》の文章《ぶんしょう》を二回《にかい》読《よ》んで、答《こた》えましょう。

1

〔おばあさんは、綾《あや》たちの話《はなし》をきくと、供養塔《くようとう》に手《て》を合《あ》わせ、「もう一人《ひとり》のアヤちゃんがあなたに会《あ》いに来《き》てくれたよ。」と言《い》った。〕

やがておばあさんは顔《かお》を上《あ》げると、しわだらけの顔《かお》いっぱいに、もっとしわをきざんでわたしに笑《わら》いかけた。Ⓐ目《め》には光《ひか》るものがあったので、泣《な》き笑《わら》いみたいな表情《ひょうじょう》だった。

「この楠木《くすのき》アヤちゃんの夢《ゆめ》やら希望《きぼう》やらが、あなたの夢《ゆめ》や希望《きぼう》にもなって、かなうとええねえ。元気《げんき》で長《なご》う生《い》きて、幸《しあわ》せにおくらしなさいよ。」

Ⓘわたしははずかしくなって下《した》を向《む》いてしまった。そんなことは考《かん》えたこともなかったからだ。

※しわをきざんで…しわだらけにして。

2

別《わか》れぎわ、小《ちい》さなおばあさんは見上《みあ》げるようにしてわたしの手《て》を取《と》った。

「どうか、この子《こ》のことを——
アヤちゃんのことを、ずっと
わすれんでおってね。」

（令和二年度版　光村図書　国語五　銀河　朽木《くつき》　祥《しょう》）

1

(1) Ⓐ目《め》には光《ひか》るものがあったとありますが、おばあさんの目《め》にあったものは、何《なん》でしたか。○をつけましょう。

（　）なみだ　（　）あせ

(2) おばあさんが「わたし（綾《あや》）」に言《い》った言葉《ことば》には、どんな願《ねが》いがあると考《かん》えられますか。○をつけましょう。

（　）綾《あや》に、楠木《くすのき》アヤちゃんの遺族《いぞく》や知《し》り合《あ》いを何《なん》とか見《み》つけてほしいという願《ねが》い。

（　）綾《あや》に、楠木《くすのき》アヤちゃんの分《ぶん》も、夢《ゆめ》や希望《きぼう》をかなえて、幸《しあわ》せになってほしいという願《ねが》い。

(3) 「わたし（綾《あや》）」が、Ⓘはずかしくなって下《した》を向《む》いてしまったのは、なぜですか。

おばあさんが言《い》ったようなことは、〔　　　　〕から。

2

おばあさんが、最後《さいご》に、綾《あや》にお願《ねが》いしたのは、どんなことでしたか。

〔　　　　〕いてほしいということ。

たずねびと (8)

名前

次《つぎ》の文章《ぶんしょう》を二回《にかい》読《よ》んで、答《こた》えましょう。

1

秋《あき》の日《ひ》は短《みじか》くて日《ひ》がしずみかけていた。川土手《かわどて》をゆっくり歩《ある》いて橋《はし》に向《む》かった。

静《しず》かに流《なが》れる川《かわ》、夕日《ゆうひ》を受《う》けて赤《あか》く光《ひか》る水《みず》。

わたしはらんかんにもたれた。お兄《にい》ちゃんもせかさなかった。㋐昼過《ひるす》ぎに、この橋《はし》をわたったときには、きれいな川《かわ》はきれいな川《かわ》でしかなかった。ポスターの名前《なまえ》が、ただの名前《なまえ》でしかなかったように。

※らんかん…橋《はし》のさくの部分《ぶぶん》。手《て》すり。
※もたれた…よりかかった。
※せかす…急《いそ》がせる。

2

資料館《しりょうかん》で読《よ》んだ説明《せつめい》が思《おも》い出《だ》された——この辺《あた》りは、元《もと》はにぎやかな町《まち》だった。町《まち》には多《おお》くの人々《ひとびと》がくらしていた。だが、あの朝《あさ》、一発《いっぱつ》の爆弾《ばくだん》が町《まち》も人《ひと》も、この世《よ》から消《け》してしまった。

（令和二年度版　光村図書　国語五　銀河　蜂飼《はちかい》　耳《みみ》）

1

(1) 「わたし（綾《あや》）」が橋《はし》から見《み》た川《かわ》は、どんな様子《ようす》でしたか。文中《ぶんちゅう》から一文《いちぶん》を書《か》き出《だ》しましょう。

(2) ㋐昼過《ひるす》ぎに、この橋《はし》をわたったとき、綾《あや》は、川《かわ》についてどのように考《かんが》えていましたか。文中《ぶんちゅう》の言葉《ことば》で書《か》き出《だ》しましょう。

2

(1) 綾《あや》が、橋《はし》の上《うえ》で思《おも》い出《だ》していたのは、どこで読《よ》んだ説明《せつめい》ですか。

(2) 綾《あや》が思《おも》い出《だ》していたのは、どんなことを説明《せつめい》していたものでしたか。文中《ぶんちゅう》のあてはまる部分《ぶぶん》に——線《せん》を引《ひ》きましょう。

漢字《かんじ》の読《よ》み方《かた》と使《つか》い方《かた》(1)
(一《ひと》つの漢字《かんじ》にいろいろな音《おん》)

名前

(1) 次《つぎ》の文中《ぶんちゅう》の――線《せん》の漢字《かんじ》の読《よ》み方《かた》で、正《ただ》しいほうに○をつけましょう。

① みんなで音読をする。
( )おんどく
( )おんとく

② 祖父《そふ》が学《まな》んだ読本を借《か》りる。
( )どくほん
( )とくほん

③ 明後日に発表会《はっぴょうかい》がある。
( )みょうごにち
( )めいごじつ

④ 工場《こうじょう》について説明を聞《き》く。
( )せつみょう
( )せつめい

(2) ――線《せん》の同《おな》じ漢字《かんじ》の読《よ》み方《かた》に気《き》をつけて、次《つぎ》の言葉《ことば》の読《よ》み方《かた》を書《か》きましょう。

① 人間（にんげん） 時間（　）

② 本名（　） 名案（　）

③ 正直（　） 直接（　）

④ 日時（　） 休日（　）

漢字《かんじ》の読《よ》み方《かた》と使《つか》い方《かた》 (2)

（一《ひと》つの漢字《かんじ》にいろいろな音《おん》）

名前

(1) 次《つぎ》の——線《せん》の漢字《かんじ》と同《おな》じ読《よ》み方《かた》をするものを見《み》つけます。まず、㋐、㋑の言葉《ことば》の読《よ》み方《かた》を□に書《か》き、それから、——線《せん》が同《おな》じ読《よ》み方《かた》をするほうに○をつけましょう。

① 名人《めいじん》

㋐ 大名　だいみょう　（　）

㋑ 題名　だいめい　（○）

② 正式《せいしき》

㋐ 公正　□　（　）

㋑ 正月　□　（　）

③ 名言《めいげん》

㋐ 発言　□　（　）

㋑ 無言　□　（　）

(2) 〈例《れい》〉にならって、□にあてはまる漢字《かんじ》を□から選《えら》んで入《い》れ、四《よっ》つの熟語《じゅくご》を作《つく》りましょう。

〈例《れい》〉

題《だい》 → 名

本《ほん》 → 名 → 字《じ》

名 → 人《じん》

①

来《らい》 → □

本《ほん》 → □ → 曜《よう》

□ → 時《じ》

②

予《よ》 → □

方《ほう》 → □ ← 伝《でん》

□ → 語《ご》

言・日

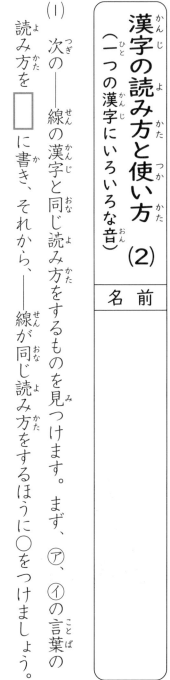

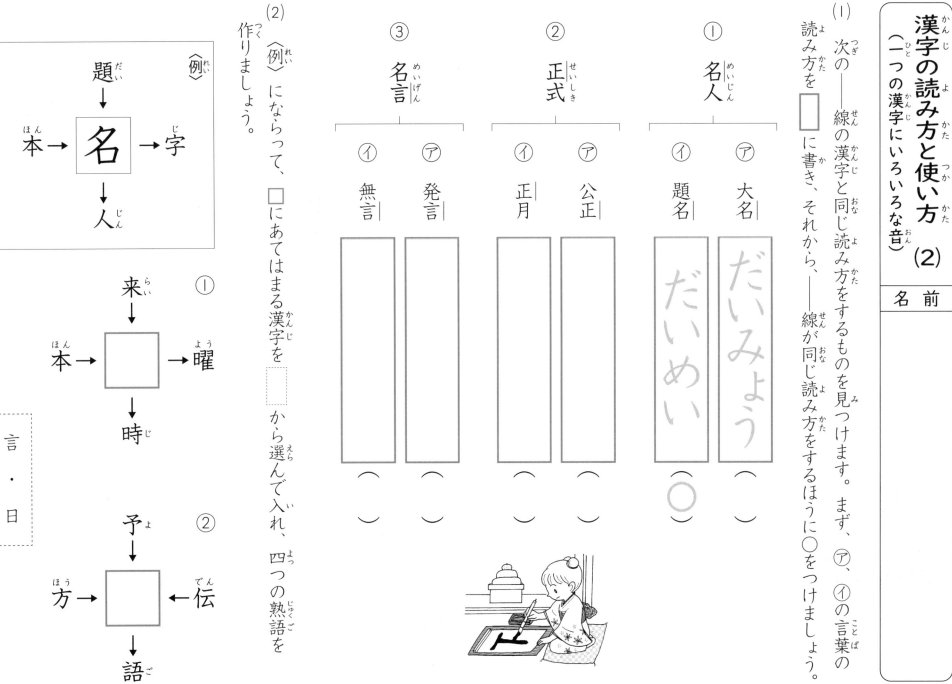

漢字《かんじ》の読《よ》み方《かた》と使《つか》い方《かた》 (3)
（特別《とくべつ》な読《よ》み方《かた》をする漢字《かんじ》）

名前

(1) 次《つぎ》の特別《とくべつ》な読《よ》み方《かた》をする漢字《かんじ》で、正《ただ》しい読《よ》み方《かた》のほうに○をつけましょう。

① 一日
- （　）いつか
- （　）ついたち

② 二人
- （　）ににん
- （　）ふたり

③ 上手
- （　）じょうず
- （　）じょうて

④ 下手
- （　）したて
- （　）へた

⑤ 清水
- （　）せいすい
- （　）しみず

⑥ 七夕
- （　）たなばた
- （　）しちゆう

(2) 次《つぎ》の——線《せん》は、特別《とくべつ》な読《よ》み方《かた》をする漢字《かんじ》です。（　）に読《よ》み方《かた》を書《か》きましょう。

① 部屋で本《ほん》を読《よ》む。（　　）

② 時計を見《み》る。（　　）

③ 大人と子《こ》ども。（　　）

④ 果物を買《か》う。（　　）

⑤ まどから景色を見《み》る。（　　）

漢字《かんじ》の読《よ》み方《かた》と使《つか》い方《かた》 (4)

（特別《とくべつ》な読《よ》み方《かた》をする漢字《かんじ》）

名前

(1) 次《つぎ》の言葉《ことば》は、特別《とくべつ》な読《よ》み方《かた》をする言葉《ことば》です。読《よ》み方《かた》を書《か》きましょう。

① 今日

② 昨日

③ 今朝

④ 明日

⑤ 今年

(2) 次《つぎ》の――線《せん》は、特別《とくべつ》な読《よ》み方《かた》をする漢字《かんじ》です。（　）に読《よ》み方《かた》を書《か》きましょう。

① 八百屋で野菜《やさい》を買《か》う。（　　）

② 父《ちち》は眼鏡をかけている。（　　）

③ 妹《いもうと》が本屋《ほんや》で迷子になった。（　　）

④ 川原で魚《さかな》をつる。（　　）

⑤ 博士はいつも研究室《けんきゅうしつ》にいる。（　　）

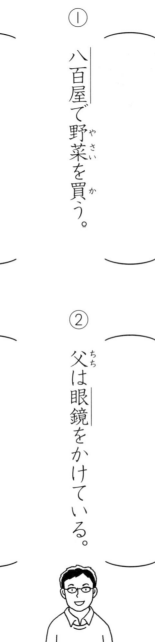

4頁

銀河《ぎんが》

名前

● 次《つぎ》の詩《し》を二回読《にかいよ》んで、答《こた》えましょう。

銀河《ぎんが》

あの遠《とお》い空《そら》にひとすじ、
星《ほし》たちが、
ぶつかり合《あ》い、重《かさ》なり合《あ》い、
河《かわ》のように光《ひか》っている「銀河《ぎんが》」。
牛乳《ぎゅうにゅう》をこぼしたようにも見《み》えるから、
「乳《ちち》の道《みち》」とも言《い》うそうだ。
どっちもいい名前《なまえ》だなあ。

（令和二年度版　光村図書　国語五　銀河　羽曽部《はそべ》　忠《ただし》）

(1) 「銀河《ぎんが》」は、どこに見《み》えていますか。

あの **遠い空** 。

(2) 「銀河《ぎんが》」は、星《ほし》たちがどのようにして光《ひか》っているものだといっていますか。

ぶつかり 合《あ》い、**重なり** 合《あ》い、**河** のように光《ひか》っている。

(3) 「銀河《ぎんが》」のことを「乳《ちち》の道《みち》」とも言《い》うのは、どうしてですか。
（習《なら》っていない言葉《ことば》はひらがなで書《か》きましょう。）

牛乳をこぼしたようにも見えるから。

(4) 作者《さくしゃ》の思《おも》っていることが表《あらわ》れている一行《いちぎょう》を書《か》き出《だ》しましょう。

どっちもいい名前だなあ。

5頁

かんがえるのって　おもしろい

名前

● 次《つぎ》の詩《し》を二回読《にかいよ》んで、答《こた》えましょう。

かんがえるのって　おもしろい
谷川《たにかわ》　俊太郎《しゅんたろう》

㋐かんがえるのって　おもしろい
どこかとおくへ　いくみたい
しらないけしきが　みえてきて
そらのあおさが　ふかくなる
このおかのうえ　このきょうしつは
みらいにむかって　とんでいる

なかよくするって　ふしぎだね
㋑けんかするのも　いいみたい
しらないきもちが　かくれてて
まえよりもっと　すきになる
このおかのうえ　このがっこうは
みんなのちからで　そだってく

（令和二年度版　光村図書　国語五　銀河　谷川　俊太郎）

(1) ㋐かんがえるのって　おもしろいとありますが、「かんがえる」ことをどのようなことに例《たと》えていますか。

どこかとおく へいくこと。

(2) 「とおくへいく」と、どうなるといっていますか。

しらないけしき がみえてきて
そらのあおさが **ふかく** なる

(3) ㋑けんかするのも　いいみたいとありますが、どんないいことがあるといっていますか。詩《し》の中《なか》の二行《にぎょう》を書《か》き出《だ》しましょう。

しらないきもちが
かくれてて　まえより
もっと　すきになる

(4) このおかの上《うえ》の学校《がっこう》は、何《なに》によって育《そだ》っていくといっていますか。詩《し》の中《なか》の言葉《ことば》七文字《しちもじ》で答《こた》えましょう。

みんなのちから

6頁

なまえつけてよ　(1)

名前

● 教科書《きょうかしょ》の「なまえつけてよ」の全文《ぜんぶん》を読《よ》んだ後《あと》、次《つぎ》の文章《ぶんしょう》を二回読《にかいよ》んで、答《こた》えましょう。

1

春花《はるか》は、学校《がっこう》の帰《かえ》り道《みち》、牧場《ぼくじょう》のおばさんから生《う》まれたばかりの子馬《こうま》の名前《なまえ》をつけてと言われ、あしたまでに考《かんが》えてくると約束《やくそく》した。

夜《よる》、ふとんにもぐりこんでからも、春花《はるか》は一生《いっしょう》けんめい考《かんが》えた。あの子馬《こうま》に似合《にあ》う名前《なまえ》をつけたい。
㋐子馬《こうま》の特徴《とくちょう》を思《おも》いうかべてみる。
クッキーのような、おいしそうな色《いろ》。くりくりとした丸《まる》い目《め》。ふっさりとしたしっぽ。今《いま》はまだ子《こ》どもだけれど、大《おお》きくなったら風《かぜ》のように走《はし》る馬《うま》になってほしい。㋑そんな願《ねが》いがわいてくる。

2

考《かんが》えているうちに、春花《はるか》の心《こころ》に、一《ひと》つの名前《なまえ》がうかんできた。心《こころ》の中《なか》で、子馬《こうま》につけた名前《なまえ》をよんでみる。㋒春花《はるか》は、安心《あんしん》してねむりに落《お》ちた。

（令和二年度版　光村図書　国語五　銀河　蜂飼《はちかい》　耳《みみ》）

1

(1) 春花《はるか》は、一生《いっしょう》けんめい何《なに》を考《かんが》えましたか。文中《ぶんちゅう》の言葉《ことば》で答《こた》えましょう。

子馬《こうま》に **似合う** 名前《なまえ》。

(2) 春花《はるか》が㋐子馬《こうま》の特徴《とくちょう》として思《おも》いうかべたものは子馬《こうま》の何《なに》についてでしたか。三《みっ》つ選《えら》んで○をつけましょう。

(　)食《た》べ物《もの》　(○)体《からだ》の色《いろ》
(　)口《くち》　(○)目《め》
(○)しっぽ　(　)走《はし》り方《かた》

(3) ㋑そんな願《ねが》いとは、どんな願《ねが》いですか。

大《おお》きくなったら **風のように走る馬** になってほしい。

2

㋒春花《はるか》は、…落《お》ちた。とありますが、春花《はるか》が安心《あんしん》してねむったのは、なぜですか。○をつけましょう。

(　)心《こころ》の中《なか》に、かわいい子馬《こうま》のすがたを思《おも》いうかべたから。
(○)子馬《こうま》に似合《にあ》う名前《なまえ》を考《かんが》えついたから。

7頁

なまえつけてよ　(2)

名前

● 次《つぎ》の文章《ぶんしょう》を二回読《にかいよ》んで、答《こた》えましょう。

1

春花《はるか》は、考《かんが》えた子馬《こうま》の名前《なまえ》を、勇太《ゆうた》と陸《りく》に「明日《あす》、牧場《ぼくじょう》のところに来《き》たら教《おし》える」と約束《やくそく》していた。

次《つぎ》の日《ひ》の放課後《ほうかご》、牧場《ぼくじょう》のさくのそばへ行《い》くと、前《まえ》の日《ひ》と同《おな》じところに子馬《こうま》がいた。春花《はるか》は、子馬《こうま》をながめながら待《ま》った。もしかして、勇太《ゆうた》は来《こ》ないかもしれないな。なめらかなたてがみ。真《ま》っ黒《くろ》な目《め》。㋐時間《じかん》がいつもよりゆっくりと流《なが》れていく。

※たてがみ…馬《うま》の首《くび》の後《うし》ろに生《は》えている、ふさふさとした長《なが》い毛《け》。

2

「おうい、来《き》たよ。」
陸《りく》の声《こえ》がした。急《いそ》ぐ陸《りく》の後《うし》ろから来《く》るのは、勇太《ゆうた》だ。
風《かぜ》がさあっとふきぬけた。
子馬《こうま》はぴくぴくと耳《みみ》を動《うご》かした。

※ふきぬけた…通《とお》りすぎた。

（令和二年度版　光村図書　国語五　銀河　蜂飼《はちかい》　耳《みみ》）

1

(1) 次《つぎ》の日《ひ》の放課後《ほうかご》、春花《はるか》はどんなことを考《かんが》えながら、勇太《ゆうた》を待《ま》っていますか。春花《はるか》の思《おも》いが書《か》かれた一文《いちぶん》を書《か》き出《だ》しましょう。

もしかして、勇太は来ないかもしれないな。

(2) ㋐時間《じかん》がいつもよりゆっくりと流《なが》れていく。とは、どういうことを表《あらわ》していますか。○をつけましょう。

(　)本当《ほんとう》に時間《じかん》の進《すす》み方《かた》がおそくなったこと。
(○)春花《はるか》が勇太《ゆうた》を待《ま》っている時間《じかん》を長《なが》いと感《かん》じているということ。

2

(1) 「おうい、来《き》たよ。」と言《い》ったのは、だれですか。○をつけましょう。

(　)勇太《ゆうた》
(○)陸《りく》

(2) 陸《りく》と勇太《ゆうた》が来《き》たとき、風《かぜ》はどうなりましたか。

(さあっと)ふきぬけた。

解答例

本書の解答は，あくまでもひとつの例です。児童に取り組ませる前に，必ず指導される方が問題を解いてください。指導される方の作られた解答をもとに，児童の多様な考えに寄り添って○つけをお願いします。

8頁

なまえつけてよ (3)

名前

● 次《つぎ》の文章《ぶんしょう》を二回《にかい》読《よ》んで、答《こた》えましょう。

1

勇太《ゆうた》はきいた。
あ「名前《なまえ》、なんてつけるんだ。」
ちょうどそのとき、
牧場《ぼくじょう》のおばさんが建物《たてもの》から
出《で》てきた。
い「あらあら、みんな、
来《き》てたのね。」
う「子馬《こうま》の名前《なまえ》――。」
春花《はるか》が言《い》いかけると、
おばさんはあわてた。

2

「ごめんね、そのことなんだけど。
あのね、その子馬《こうま》、よそに
もらわれることになったの。
急《きゅう》に決《き》まったのよ。だから、
名前《なまえ》も、行《い》った先《さき》でつけられる
ことになったの。たのんだのに、
ア ごめんなさいね。」

（令和二年度版　光村図書　国語五　銀河　蜂飼《はちかい》　耳《みみ》）

1

(1) あ、い、うの言葉《ことば》を言《い》ったのは、それぞれだれですか。

あ　勇太

い　牧場のおばさん

う　春花

(2) 春花《はるか》は何《なに》を言《い》いかけましたか。

（子馬の名前（を考えてきたこと））

2

(1) アごめんなさいね、とありますが、牧場《ぼくじょう》のおばさんは、どんなことをあやまりましたか。○をつけましょう。

（　）子馬《こうま》がよそに行《い》ってしまうこと。

（○）春花《はるか》が子馬《こうま》の名前《なまえ》をつけられなくなったこと。

(2) 春花《はるか》が子馬《こうま》の名前《なまえ》をつけられなくなったのは、なぜですか。

子馬《こうま》の名前《なまえ》は、（もらわれて）行った先でつけられることになったから。

9頁

なまえつけてよ (4)

名前

● 次《つぎ》の文章《ぶんしょう》を二回《にかい》読《よ》んで、答《こた》えましょう。

1

〔牧場《ぼくじょう》のおばさんは、子馬《こうま》がよそにもらわれることになり、名前《なまえ》は行《い》った先《さき》でつけられることになったと、春花《はるか》たちに説明《せつめい》した。〕

春花《はるか》は、だまったまま、
さくからつき出《で》た子馬《こうま》の鼻《はな》に
さわってみた。子馬《こうま》の鼻《はな》は、
ほんのりと温《あたた》かく、しめって
いる。
あ「がっかりさせちゃったね。
せっかく考《かんが》えてくれた名前《なまえ》、
教《おし》えてくれる。」

2

「いいんです――。それなら、
ア しかたないですね。」
春花《はるか》は、子馬《こうま》の鼻《はな》にふれた
まま、明《あか》るい声《こえ》でそう答《こた》えた。
勇太《ゆうた》と陸《りく》は、
何《なに》も言《い》わない。
二人《ふたり》とも、こまった
ような顔《かお》をして、
春花《はるか》の方《ほう》をじっと見《み》ていた。

※しかたない…どうにもならない。

（令和二年度版　光村図書　国語五　銀河　蜂飼《はちかい》　耳《みみ》）

1

(1) 子馬《こうま》の名前《なまえ》がつけられないと分《わ》かったときの、春花《はるか》の行動《こうどう》が分《わ》かる一文《いちぶん》を書《か》き出《だ》しましょう。

春花は、だまったまま、さくからつき出た子馬の鼻にさわってみた。

(2) あの言葉《ことば》を言《い》ったのは、だれですか。○をつけましょう。

（　）春花《はるか》

（○）牧場《ぼくじょう》のおばさん

2

(1) アしかたないとは、何《なに》が「しかたない」と春花《はるか》は言《い》ったのですか。○をつけましょう。

（○）名前《なまえ》をつけられなくなったこと。

（　）子馬《こうま》がいなくなること。

(2) 春花《はるか》が明《あか》るい声《こえ》で「しかたない」と答《こた》える様子《ようす》を見《み》て、勇太《ゆうた》と陸《りく》は、どうしましたか。二《ふた》つ書《か》きましょう。

何も言わない。

こまったような顔をして、春花の方をじっと見ていた。

10頁

なまえつけてよ (5)

名前

● 次《つぎ》の文章《ぶんしょう》を二回《にかい》読《よ》んで、答《こた》えましょう。

1

〔子馬《こうま》の名前《なまえ》をつけることができなくなった春花《はるか》は、考《かんが》えてきた子馬《こうま》の名前《なまえ》をみんなに言《い》わなかった。〕

次《つぎ》の日《ひ》。昼休《ひるやす》みに、春花《はるか》は
ろう下《か》で勇太《ゆうた》とすれちがった。
ア そのときだった。春花《はるか》はそっと
何《なに》かをわたされた。わたすと、
勇太《ゆうた》は急《いそ》いで行《い》ってしまった。

2

イ 受《う》け取《と》ったものを見《み》て、
春花《はるか》は、はっとした。
紙《かみ》で折《お》った小《ち》さな馬《うま》。
不格好《ぶかっこう》だけれど、たしかに馬《うま》だ。
ひっくり返《かえ》してみると、ペンで
ウ 何《なに》か書《か》いてある。
なまえつけてよ。
らんぼうなぐらいに元気《げんき》のいい
字《じ》が、おどっている。
勇太《ゆうた》って、こんなところが
あるんだ。

※はっとする…予想《よそう》しなかったことにおどろくようす。

（令和二年度版　光村図書　国語五　銀河　蜂飼《はちかい》　耳《みみ》）

1

(1) いつの出来事《できごと》ですか。

（次の日の）昼休み

(2) アそのときとは、どんなときですか。

春花《はるか》が、ろう下《か》で　勇太　と　すれちがった　とき。

2

(1) 春花《はるか》が勇太《ゆうた》から イ受《う》け取《と》ったものとは、何《なん》でしたか。文中《ぶんちゅう》の一文《いちぶん》で答《こた》えましょう。

紙で折った小さな馬。

(2) 書《か》いてあった ウ何《なに》かとは、どんな言葉《ことば》でしたか。

なまえつけてよ。

(3) 春花《はるか》は、勇太《ゆうた》がくれたものを見《み》て、勇太《ゆうた》のことをどのように思《おも》いましたか。○をつけましょう。

（　）折《お》り紙《がみ》で上手《じょうず》に馬《うま》を作《つく》ったことにおどろいて見直《みなお》した。

（○）春花《はるか》のために紙《かみ》の馬《うま》を作《つく》ってくれたことにおどろいて見直《みなお》した。

11頁

本《ほん》は友達《ともだち》
図書館《としょかん》を使《つか》いこなそう

名前

教科書《きょうかしょ》の「図書館《としょかん》を使《つか》いこなそう」を読《よ》んで、答《こた》えましょう。

(1) 多《おお》くの図書館《としょかん》では、本《ほん》は、「日本十進分類法《にほんじっしんぶんるいほう》」にしたがって分《わ》けられ、たなに整理《せいり》されています。ア～ウのことについて図書館《としょかん》で調《しら》べるとき、「日本十進分類法《にほんじっしんぶんるいほう》」の表《ひょう》にある0～9の中《なか》で、どの番号《ばんごう》のたなをさがせばよいでしょうか。番号《ばんごう》で答《こた》えましょう。

●日本十進分類法《にほんじっしんぶんるいほう》

番号《ばんごう》	内容《ないよう》
0	調《しら》べるための本《ほん》（百科事典《ひゃっかじてん》，新聞《しんぶん》など）
1	ものの考《かんが》え方《かた》や心《こころ》についての本《ほん》
2	昔《むかし》のことや　ちいきの本《ほん》
3	社会《しゃかい》の仕組《しく》みの本《ほん》
4	自然《しぜん》に関《かか》わる本《ほん》（星《ほし》・天気《てんき》・動物《どうぶつ》・植物《しょくぶつ》など）
5	技術《ぎじゅつ》や機械《きかい》の本《ほん》（建物《たてもの》・電気《でんき》・船《ふね》など）
6	いろいろな仕事《しごと》の本《ほん》
7	芸術《げいじゅつ》（絵《え》・音楽《おんがく》など）や　スポーツの本《ほん》
8	言葉《ことば》の本《ほん》（日本語《にほんご》・外国語《がいこくご》など）
9	文学《ぶんがく》の本《ほん》（物語《ものがたり》・詩《し》など）

※日本十進分類法《にほんじっしんぶんるいほう》　…　日本《にほん》で考《かんが》えられた図書資料《としょしりょう》の分類方法《ぶんるいほうほう》。

※分類《ぶんるい》…内容《ないよう》や種類《しゅるい》によって，グループに分《わ》けること。

ア 海《うみ》の生《い》き物《もの》の図《ず》かん。　4

イ 外国《がいこく》の物語《ものがたり》の本《ほん》。　9

ウ サッカーのルールの本《ほん》。　7

(2) 読《よ》みたい本《ほん》をさがすときや、何《なに》かを調《しら》べるときの方法《ほうほう》としてあてはまるものを、二《ふた》つ選《えら》んで○をつけましょう。

（　）馬《うま》が登場《とうじょう》する物語《ものがたり》をさがすとき、「自然《しぜん》に関《かか》わる本《ほん》」のたなをさがせばよい。

（○）電車《でんしゃ》をテーマに、電車《でんしゃ》の種類《しゅるい》やつくり、電車《でんしゃ》に関《かか》わる仕事《しごと》などについて広《ひろ》く調《しら》べたいとき、二《ふた》つ以上《いじょう》のたなでさがすとよい。

（○）知《し》りたい情報《じょうほう》が書《か》かれた本《ほん》が見《み》つからないときは、百科事典《ひゃっかじてん》から情報《じょうほう》をえたり、司書《ししょ》の先生《せんせい》にたずねたりなど、他《ほか》の方法《ほうほう》もある。

12頁

漢字《かんじ》の成《な》り立《た》ち (1)

名前

教科書《きょうかしょ》の「漢字《かんじ》の成《な》り立《た》ち」を読《よ》んで、答《こた》えましょう。

● 漢字《かんじ》の成《な》り立《た》ちには、大《おお》きく分《わ》けて、次《つぎ》の四《よっ》つのものがあります。同《おな》じ成《な》り立《た》ちの漢字《かんじ》を□から選《えら》んで□に書《か》きましょう。

① 目《め》に見《み》える物《もの》の形《かたち》を、具体的《ぐたいてき》にえがいたもの。

〈例《れい》〉

→ 魚　馬

② 目《め》に見《み》えない事《こと》がらを、印《しるし》や記号《きごう》を使《つか》って表《あらわ》したもの。

〈例《れい》〉 ・一 → 丄 → 上　下

③ 漢字《かんじ》の意味《いみ》を組《く》み合《あ》わせたもの。

〈例《れい》〉 鳥《とり》と口《くち》 → 鳴　林

④ 音《おん》を表《あらわ》す部分《ぶぶん》と、意味《いみ》を表《あらわ》す部分《ぶぶん》を組《く》み合《あ》わせたもの。

〈例《れい》〉 早…音《おん》を表《あらわ》す部分《ぶぶん》 艹…意味《いみ》を表《あらわ》す部分《ぶぶん》 → 草　花

下・林
花・馬

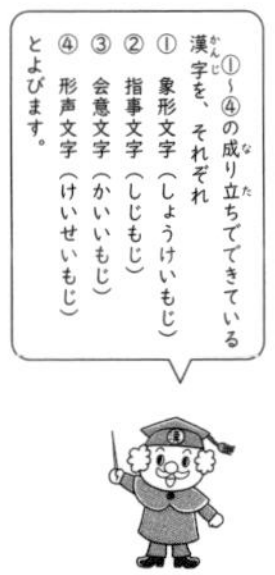

13頁

漢字《かんじ》の成《な》り立《た》ち (2)

名前

(1) 次《つぎ》のような物《もの》の形《かたち》から、どんな漢字《かんじ》ができましたか。□から選《えら》んで□に書《か》きましょう。

①  → 雨

②  → 馬

③  → 耳

④  → 鳥

耳・雨・馬・鳥

(2) 次《つぎ》の図形《ずけい》や記号《きごう》から、どんな漢字《かんじ》ができましたか。□から選《えら》んで□に書《か》きましょう。

①  → 三

②  → 本

本・三

(3) 次《つぎ》の二《ふた》つの漢字《かんじ》を組《く》み合《あ》わせて、どんな漢字《かんじ》ができましたか。□から選《えら》んで□に書《か》きましょう。

① 人《ひと》と木《き》 → 休

② 田《た》と力《ちから》 → 男

休・男

14頁

漢字《かんじ》の成《な》り立《た》ち (3)

名前

● 漢字《かんじ》の成《な》り立《た》ちで最《もっと》も多《おお》いのは、音《おん》を表《あらわ》す部分《ぶぶん》と、意味《いみ》を表《あらわ》す部分《ぶぶん》を組《く》み合《あ》わせてできた字《じ》です。そのようにしてできた次《つぎ》の漢字《かんじ》を、〈例《れい》〉にならって、音《おん》を表《あらわ》す部分《ぶぶん》と意味《いみ》を表《あらわ》す部分《ぶぶん》に分《わ》けて書《か》きましょう。

〈例《れい》〉 持《ジ》　音《おん》を表《あらわ》す部分《ぶぶん》 寺　意味《いみ》を表《あらわ》す部分《ぶぶん》 扌

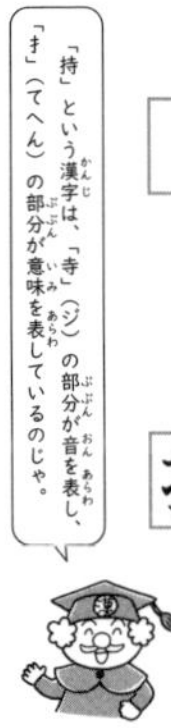

① 時《ジ》　音《おん》を表《あらわ》す部分《ぶぶん》 寺　意味《いみ》を表《あらわ》す部分《ぶぶん》 日

② 晴《セイ》　音《おん》を表《あらわ》す部分《ぶぶん》 青　意味《いみ》を表《あらわ》す部分《ぶぶん》 日

③ 校《コウ》　音《おん》を表《あらわ》す部分《ぶぶん》 交　意味《いみ》を表《あらわ》す部分《ぶぶん》 木

④ 花《カ》　音《おん》を表《あらわ》す部分《ぶぶん》 化　意味《いみ》を表《あらわ》す部分《ぶぶん》 艹

⑤ 館《カン》　音《おん》を表《あらわ》す部分《ぶぶん》 官　意味《いみ》を表《あらわ》す部分《ぶぶん》 飠

15頁

漢字《かんじ》の成《な》り立《た》ち (4)

名前

● 次《つぎ》の文中《ぶんちゅう》の——線《せん》の漢字《かんじ》は、音《おん》を表《あらわ》す部分《ぶぶん》と、意味《いみ》を表《あらわ》す部分《ぶぶん》を組《く》み合《あ》わせてできた字《じ》です。〈例《れい》〉にならって、音《おん》を表《あらわ》す部分《ぶぶん》と意味《いみ》を表《あらわ》す部分《ぶぶん》に分《わ》けて書《か》きましょう。

〈例《れい》〉 案内板《あんないばん》を見《み》る。　音《おん》を表《あらわ》す部分《ぶぶん》 反　意味《いみ》を表《あらわ》す部分《ぶぶん》 木

① 課題図書《かだいとしょ》を読《よ》む。　音《おん》を表《あらわ》す部分《ぶぶん》 果　意味《いみ》を表《あらわ》す部分《ぶぶん》 言

② 感想文《かんそうぶん》を書《か》く。　音《おん》を表《あらわ》す部分《ぶぶん》 相　意味《いみ》を表《あらわ》す部分《ぶぶん》 心

③ 今週《こんしゅう》、遠足《えんそく》がある。　音《おん》を表《あらわ》す部分《ぶぶん》 周　意味《いみ》を表《あらわ》す部分《ぶぶん》 辶

④ 道具《どうぐ》の管理《かんり》をする。　音《おん》を表《あらわ》す部分《ぶぶん》 官　意味《いみ》を表《あらわ》す部分《ぶぶん》 竹

⑤ 絵画《かいが》を見《み》る。　音《おん》を表《あらわ》す部分《ぶぶん》 会　意味《いみ》を表《あらわ》す部分《ぶぶん》 糸

解答例

本書の解答は，あくまでもひとつの例です。児童に取り組ませる前に，必ず指導される方が問題を解いてください。指導される方の作られた解答をもとに，児童の多様な考えに寄り添って○つけをお願いします。

16頁

季節《きせつ》の言葉《ことば》1

春《はる》の空《そら》 (1)

（枕草子《まくらのそうし》　春《はる》）

名前

「枕草子《まくらのそうし》」は、約千年前《やくせんねんまえ》に、作者《さくしゃ》の清少納言《せいしょうなごん》が心《こころ》に感《かん》じたことを、自由《じゆう》に書《か》き記《しる》した作品《さくひん》です。清少納言《せいしょうなごん》は、この作品《さくひん》（枕草子《まくらのそうし》）の初《はじ》めに、四《よっ》つの季節《きせつ》それぞれについて、自分《じぶん》の思《おも》いをつづっています。

● 次《つぎ》の「枕草子《まくらのそうし》」の文章《ぶんしょう》を二回音読《にかいおんどく》し、意味《いみ》の文《ぶん》も読《よ》んで、答《こた》えましょう。

〈もとの文《ぶん》〉

春《はる》はあけぼの。
やうやう（ようよう）白《しろ》くなりゆく
山《やま》ぎは（わ）、すこしあかりて、
紫《むらさき》だちたる雲《くも》の
ほそくたなびきたる。

（意味《いみ》の文《ぶん》）

春《はる》は明《あ》け方《がた》がよい。だんだん
白《しろ》くなっていく山《やま》ぎわの空《そら》が、
少《すこ》し明《あか》るくなって、
紫《むらさき》がかった雲《くも》が
細《ほそ》くたなびいて
いるのがよい。

※たなびく…雲《くも》やかすみなどが、横《よこ》に（たなのように）細《ほそ》く長《なが》く引《ひ》いたようになる様子《ようす》。

（令和二年度版　光村図書　国語五　銀河　「季節の言葉1　春の空」による）

(1) 声《こえ》に出《だ》して読《よ》むとき、次《つぎ》の言葉《ことば》は、何《なん》と読《よ》みますか。ひらがなで書《か》きましょう。

① やうやう
［ようよう］

② 山ぎは
［やまぎわ］

(2) 清少納言《せいしょうなごん》は、春《はる》の季節《きせつ》は、一日《いちにち》のうちのいつのころがよいといっていますか。（意味《いみ》の文《ぶん》）の言葉《ことば》を書《か》きましょう。

［明｜け｜方］

(3) (2)のことが書《か》いてある、「枕草子《まくらのそうし》」の最初《さいしょ》の一文《いちぶん》を〈もとの文《ぶん》〉から書《か》き出《だ》しましょう。

［春はあけぼの。］

17頁

季節《きせつ》の言葉《ことば》1

春《はる》の空《そら》 (2)

名前

(1) 次《つぎ》の言葉《ことば》の意味《いみ》が完成《かんせい》するように、（　）にあてはまる言葉《ことば》を□から選《えら》んで書《か》きましょう。

① 花冷《はなび》え
（さくら）の花《はな》のさくころ、急《きゅう》にきびしい寒《さむ》さがもどり、冷《ひ》えこむこと。

ひまわり ・ さくら

② うららか
空《そら》が晴《は》れて、日《ひ》が明《あか》るく照《て》り、（おだやか）な春《はる》の様子《ようす》のこと。

にぎやか ・ おだやか

③ 春風《はるかぜ》
春《はる》にふく、あたたかく、（のどかな）風《かぜ》のこと。

のどかな ・ はげしい

(2) 次《つぎ》の俳句《はいく》を読《よ》んで、答《こた》えましょう。

のどかさに／寝《ね》てしまひ（い）けり／草《くさ》の上《うえ》
松根《まつね》　東洋城《とうようじょう》

※のどか…空《そら》が晴《は》れて、おだやかでのんびりとしたようす。

（令和二年度版　光村図書　国語五　銀河　「季節の言葉1　春の空」による）

① 五《ご》・七《しち》・五《ご》のリズムで読《よ》めるように、上《うえ》の俳句《はいく》を／線《せん》で区切《くぎ》りましょう。

② のどかな春《はる》の日《ひ》に、作者《さくしゃ》は何《なに》をしていますか。○をつけましょう。

（　）花見《はなみ》を楽《たの》しんでいる。
（○）草《くさ》の上《うえ》でねてしまっている。

18頁

きいて、きいて、きいてみよう (1)

名前

教科書《きょうかしょ》の「きいて、きいて、きいてみよう」を読《よ》んで、答《こた》えましょう。

(1) 「きき手《て》」「話《はな》し手《て》」「記録者《きろくしゃ》」の役《やく》わりに分《わ》かれて、三人《さんにん》でインタビューをし合《あ》います。①～③の三《みっ》つの役《やく》わりの人《ひと》は、それぞれ何《なに》をする人《ひと》ですか。――線《せん》で結《むす》びましょう。

① きき手《て》
② 話《はな》し手《て》
③ 記録者《きろくしゃ》

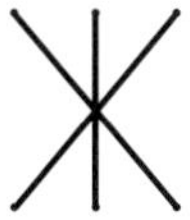

二人《ふたり》のやり取《と》りを記録《きろく》する人《ひと》。
インタビューに答《こた》える人《ひと》。
インタビューをする人《ひと》。

(2) 「きき手《て》」「話《はな》し手《て》」「記録者《きろくしゃ》」の役《やく》わりの人《ひと》は、それぞれどんなことに気《き》をつけるとよいですか。正《ただ》しいものを、それぞれ二《ふた》つずつ選《えら》んで○をつけましょう。

① 「きき手《て》」
（○）きく前《まえ》に、話題《わだい》や質問《しつもん》を考《かんが》えておく。
（○）いちばんききたいことを、はっきりさせておく。
（　）新《あら》たにききたいことが出《で》てきても、質問《しつもん》しない。

② 「話《はな》し手《て》」
（○）きき手《て》が知《し》りたいことは何《なに》かを考《かんが》えて答《こた》える。
（　）質問《しつもん》とは関係《かんけい》なくても、自分《じぶん》が話《はな》したいことを話《はな》す。
（○）質問《しつもん》のねらいが分《わ》からないときは、きき返《かえ》す。

③ 「記録者《きろくしゃ》」
（　）聞《き》き取《と》れないときは、想像《そうぞう》して記録《きろく》する。
（○）二人《ふたり》のやり取《と》りを正確《せいかく》に聞《き》く。
（○）二人《ふたり》が話《はな》した要点《ようてん》をメモに書《か》きとめる。

19頁

きいて、きいて、きいてみよう (2)

名前

● 次《つぎ》の、インタビューの記録者《きろくしゃ》による報告《ほうこく》の文章《ぶんしょう》を読《よ》んで、問題《もんだい》に答《こた》えましょう。

「白石《しらいし》さんと野球《やきゅう》」について発表《はっぴょう》します。
白石《しらいし》さんは、一年生《いちねんせい》のころから野球《やきゅう》を始《はじ》めました。（①）
白石《しらいし》さんには、野球《やきゅう》がもっとうまくなりたいという思《おも》いがあります。そのきっかけは、プロ野球《やきゅう》の選手《せんしゅ》に声《こえ》をかけてもらったことだそうです。いつかその選手《せんしゅ》といっしょにプレーができるように、今《いま》は練習《れんしゅう》がどんなに大変《たいへん》でも、がんばっているそうです。（②）
インタビュー中《ちゅう》の白石《しらいし》さんの表情《ひょうじょう》は、いつも教室《きょうしつ》でみんなを楽《たの》しませてくれるときとはちがっていました。野球《やきゅう》の練習《れんしゅう》に一生《いっしょう》けんめい取《と》り組《く》んでいることが、とてもよく伝《つた》わってきました。（③）

（令和二年度版　光村図書　国語五　銀河　「きいて、きいて、きいてみよう」による）

(1) 上《うえ》の文章《ぶんしょう》では、だれにインタビューをしたことが書《か》かれていますか。名前《なまえ》を書《か》きましょう。

［白石さん］

(2) 上《うえ》の文章《ぶんしょう》で、インタビューの中《なか》で話題《わだい》の中心《ちゅうしん》となったところが書《か》かれているのは、①～③のどの部分《ぶぶん》ですか。記号《きごう》で答《こた》えましょう。

②

(3) 上《うえ》の文章《ぶんしょう》で、記録者《きろくしゃ》の感想《かんそう》が書《か》かれているのは、①～③のどの部分《ぶぶん》ですか。記号《きごう》で答《こた》えましょう。

③

(4) ③の部分《ぶぶん》を読《よ》むと、記録者《きろくしゃ》は聞《き》いたことの他《ほか》に、どんなところに着目《ちゃくもく》していたことが分《わ》かりますか。○をつけましょう。

（○）話《はな》し手《て》の表情《ひょうじょう》。
（　）話《はなし》の長《なが》さ。

20頁

見立《みた》てる (1)

名前

● 次《つぎ》の文章《ぶんしょう》を二回読《にかいよ》んで、答《こた》えましょう。

1

① わたしたちは、知《し》らず知《し》らずのうちに、「見立《みた》てる」という行為《こうい》をしている。ここでいう「見立《みた》てる」とは、あるものを別《べつ》のものとして見《み》るということである。㋐たがいに関係《かんけい》のない二《ふた》つを結《むす》び付《つ》けるとき、そこには想像力《そうぞうりょく》が働《はたら》いている。

※行為《こうい》…行動《こうどう》。人《ひと》の行《おこな》い。

2

② あや取《と》りを例《れい》に考《かんが》えてみよう。あや取《と》りでは、一本《いっぽん》のひもを輪《わ》にして結《むす》び、手《て》や指《ゆび》にかける。それを、一人《ひとり》で、ときには二《に》、三人《さんにん》で、取《と》ったりからめたりして形《かたち》を作《つく》る。そして、ひもが作《つく》り出《だ》した形《かたち》に名前《なまえ》がつけられる。これが、見立《みた》てるということだ。あや取《と》りで作《つく》った形《かたち》と、その名前《なまえ》でよばれている実在《じつざい》するものとが結《むす》び付《つ》けられたのである。

※実在《じつざい》するもの…本当《ほんとう》にあるもの。実物《じつぶつ》。

(令和二年度版　光村図書　国語五　銀河　野口《のぐち》　廣《ひろし》)

1

(1) 「見立《みた》てる」とは、ここではどうすることだと筆者《ひっしゃ》は述《の》べていますか。

あるものを **別のもの** として **見る** ということ。

(2) ㋐たがいに関係《かんけい》のない二《ふた》つを結《むす》び付《つ》けるとき、何《なに》が働《はたら》いていますか。

想像力

2

(1) あや取《と》りを例《れい》に考《かんが》えたとき、「見立《みた》てる」とは、どうすることですか。

ひもが作《つく》り出《だ》した **形** に **名前** がつけられること。

(2) あや取《と》りの例《れい》では、結《むす》び付《つ》けられたのは、何《なに》と何《なに》ですか。

あや取《と》りで **作った形** と その名前《なまえ》でよばれている **実在するもの**。

21頁

見立《みた》てる (2)

名前

● 次《つぎ》の文章《ぶんしょう》を二回読《にかいよ》んで、答《こた》えましょう。

1

「見立《みた》てる」とは、あるものを別《べつ》のものとして見《み》るということである。あや取《と》りを例《れい》に考《かんが》えると、あや取《と》りのひもで作《つく》った形《かたち》に、名前《なまえ》がつけられる。これが、見立《みた》てるということだ。

③ この場合《ばあい》、同《おな》じ形《かたち》に対《たい》してつけられる名前《なまえ》が、ちいきによってちがうことがある。その土地《とち》の自然《しぜん》や人々《ひとびと》の生活《せいかつ》のしかたなどによって、結《むす》び付《つ》けられるものがことなるからだ。

※ことなる…ちがってくる。

2

④ 日本《にほん》でよく知《し》られている写真《しゃしん》Aの形《かたち》は、ちいきごとにちがう名前《なまえ》をもっている。「あみ」「田《た》んぼ」「ざる」「たたみ」「かきね」「しょうじ」「油《あぶら》あげ」など、日本各地《にほんかくち》で名前《なまえ》を集《あつ》めると、約三十種類《やくさんじっしゅるい》にもなる。それぞれの土地《とち》の生活《せいかつ》と、より関《かか》わりの深《ふか》いものに見立《みた》てられた結果《けっか》といえる。

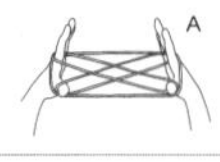

A

※「日本《にほん》」は「にっぽん」とも読《よ》みます。

(令和二年度版　光村図書　国語五　銀河　野口《のぐち》　廣《ひろし》)

1

同《おな》じ形《かたち》に対《たい》してつけられる名前《なまえ》が、ちいきによってちがうことがあるのは、どうしてですか。

その土地《とち》の **自然や人々の生活のしかた** などによって、**結び付けられるもの** がことなるから。

2

(1) 写真《しゃしん》Aの形《かたち》が、ちいきごとにちがう名前《なまえ》をもっているのは、どんなことが行《おこな》われた結果《けっか》といえますか。

それぞれの土地《とち》の生活《せいかつ》と、**より関わりの深い** ものに **見立て** られた結果《けっか》。

(2) 上《うえ》の文章《ぶんしょう》で、④段落《だんらく》は、どんな役《やく》わりの段落《だんらく》ですか。○をつけましょう。

(〇) 事例《じれい》を挙《あ》げて③段落《だんらく》を説明《せつめい》している段落《だんらく》。

(　) 考《かんが》えをまとめている段落《だんらく》。

22頁

見立《みた》てる (3)

名前

● 次《つぎ》の文章《ぶんしょう》を二回読《にかいよ》んで、答《こた》えましょう。

1

日本《にほん》では、ある一《ひと》つの形《かたち》が、ちいきごとにちがう名前《なまえ》をもっている。それぞれの土地《とち》の生活《せいかつ》と、より関《かか》わりの深《ふか》いものに見立《みた》てられた結果《けっか》といえる。

⑤ あや取《と》りは、世界各地《せかいかくち》で行《おこな》われている。写真《しゃしん》Bは、アラスカの西部《せいぶ》で「かもめ」とよばれている形《かたち》である。しかし、カナダでは、同《おな》じ形《かたち》に対《たい》し、真《ま》ん中《なか》にあるトンネルのような部分《ぶぶん》が家《いえ》の出入《でい》り口《ぐち》に見立《みた》てられ、「ログハウス」（丸太《まるた》を組《く》んでつくった家《いえ》）などという名前《なまえ》がつけられている。

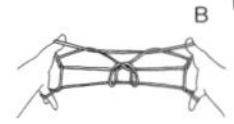

B

2

⑥ 見立《みた》てるという行為《こうい》は、想像力《そうぞうりょく》に支《ささ》えられている。そして、想像力《そうぞうりょく》は、わたしたちを育《はぐく》んでくれた自然《しぜん》や生活《せいかつ》と深《ふか》く関《かか》わっているのだ。

(令和二年度版　光村図書　国語五　銀河　野口《のぐち》　廣《ひろし》)

1

(1) 写真《しゃしん》Bは、アラスカの西部《せいぶ》とカナダで、それぞれ何《なん》とよばれていますか。

アラスカの西部《せいぶ》　**かもめ**

カナダ　**ログハウス**

(2) カナダは、どんなちいきだと考《かんが》えられますか。○をつけましょう。

(　) 「かもめ」がよく見《み》られるちいき。

(〇) 「ログハウス」がよく見《み》られるちいき。

2

(1) 想像力《そうぞうりょく》が深《ふか》く関《かか》わっているのは、何《なん》ですか。

わたしたちを育《はぐく》んでくれた **自然や生活**。

(2) 文章全体《ぶんしょうぜんたい》で、⑥段落《だんらく》は、どんな役《やく》わりの段落《だんらく》ですか。○をつけましょう。

(　) 事例《じれい》を挙《あ》げている段落《だんらく》。

(〇) 筆者《ひっしゃ》の考《かんが》えをまとめている段落《だんらく》。

23頁

言葉《ことば》の意味《いみ》が分《わ》かること (1)

名前

● 教科書《きょうかしょ》の「言葉《ことば》の意味《いみ》が分《わ》かること」の全文《ぜんぶん》を読《よ》んだ後《あと》、次《つぎ》の文章《ぶんしょう》を二回読《にかいよ》んで、答《こた》えましょう。

1

一《ひと》つの言葉《ことば》がどこまで使《つか》えるのか、全《すべ》ての事物《じぶつ》を見《み》て、確《たし》かめることはできません。だから、小《ちい》さな子《こ》どもは、かぎられた例《れい》をもとに㋐言葉《ことば》の意味《いみ》のはんいを自分《じぶん》で考《かんが》え、使《つか》っていきます。㋑これは、簡単《かんたん》なことではありません。そのため、うまくいかなくて、よくおもしろいまちがいをします。

※はんい…あるところからあるところまでのかぎられた広《ひろ》がり。

2

あるとき、㋒こんな言《い》いまちがいに出会《であ》いました。「歯《は》でくちびるをふんじゃった。」この子《こ》は、「歯《は》でくちびるをかんじゃった。」と言《い》いたかったのです。それなのに、どうしてこんな言《い》いまちがいをしたのでしょうか。

(令和二年度版　光村図書　国語五　銀河　今井《いまい》　むつみ)

1

(1) ㋐言葉《ことば》の意味《いみ》のはんいとは、どういうことですか。文中《ぶんちゅう》の言葉《ことば》で答《こた》えましょう。

一《ひと》つの言葉《ことば》が **どこまで使えるのか** ということ。

(2) ㋑これとは、何《なに》を指《さ》していますか。

小《ちい》さな子《こ》どもが、かぎられた例《れい》をもとに **言葉の意味のはんい** を自分《じぶん》で考《かんが》え、使《つか》っていくこと。

2

(1) 筆者《ひっしゃ》が出会《であ》った㋒こんな言《い》いまちがいを文中《ぶんちゅう》から書《か》き出《だ》しましょう。

「歯でくちびるをふんじゃった。」

(2) どんなまちがいでしたか。

かんじゃった と言《い》いたかった場面《ばめん》で、**ふんじゃった** と言《い》ってしまったまちがい。

解答例

本書の解答は，あくまでもひとつの例です。児童に取り組ませる前に，必ず指導される方が問題を解いてください。指導される方の作られた解答をもとに，児童の多様な考えに寄り添って○つけをお願いします。

24頁

言葉《ことば》の意味《いみ》が分《わ》かること (2)

名前

● 次《つぎ》の文章《ぶんしょう》を二回《にかい》読《よ》んで、答《こた》えましょう。

1

「歯《は》でくちびるをかんじゃった。」と言《い》いたい場面《ばめん》で、「歯《は》でくちびるをふんじゃった。」と言《い》いまちがいをした子《こ》どもがいました。

よく考《かんが》えてみると、「ふむ」も「かむ」も、「あるものを上《うえ》からおしつける動作《どうさ》」なので、㋐似《に》た意味《いみ》の言葉《ことば》であるといえます。

㋑おそらく、この子《こ》は、「かむ」という言葉《ことば》を知《し》らず、その代《か》わりに、似《に》た場面《ばめん》で覚《おぼ》えた「ふむ」を使《つか》ったのでしょう。

2

つまり、この言《い》いまちがいの原因《げんいん》は、自分《じぶん》が覚《おぼ》えた言葉《ことば》を、別《べつ》の場面《ばめん》で使《つか》おうとしてうまくいかなかったことといえます。言葉《ことば》の意味《いみ》のはんいを広《ひろ》げて使《つか》いすぎたのです。

※原因《げんいん》…ものごとの起《お》こるもととなる事《こと》がらや理由《りゆう》。

(令和二年度版　光村図書　国語五　銀河　今井《いまい》　むつみ)

1 (1) ㋐似《に》た意味《いみ》の言葉《ことば》とありますが、どの二《ふた》つの言葉《ことば》の意味《いみ》が似《に》ているといっていますか。文中《ぶんちゅう》からそれぞれ二字《にじ》で書《か》き出《だ》しましょう。

［ ふむ と かむ ］

(2) ㋑おそらくとは、どんな意味《いみ》ですか。○をつけましょう。

(　) おそろしいことに。

(○) たぶん。きっと。

2 (1) この言《い》いまちがいの原因《げんいん》は、何《なん》だといっていますか。文中《ぶんちゅう》から書《か》き出《だ》しましょう。

［ 自分が覚えた言葉を、別の場面で使おう としてうまくいかなかったこと。］

(2) (1)のことを、筆者《ひっしゃ》は別《べつ》の言《い》い方《かた》で何《なん》と言《い》いかえていますか。文中《ぶんちゅう》の言葉《ことば》を使《つか》って書《か》きましょう。

［ 言葉《ことば》の意味《いみ》の はんい を広《ひろ》げて使《つか》いすぎたこと。］

25頁

言葉《ことば》の意味《いみ》が分《わ》かること (3)

名前

● 次《つぎ》の文章《ぶんしょう》を二回《にかい》読《よ》んで、答《こた》えましょう。

1

あるとき、「かむ」と「ふむ」という、似《に》た意味《いみ》の言葉《ことば》をまちがって使《つか》った言《い》いまちがいをした子《こ》どもがいました。

同《おな》じことは、母語《ぼご》ではない言語《げんご》を学《まな》ぶときにも起《お》こります。

「朝食《ちょうしょく》にスープを食《た》べました。」

これは、アメリカ人《じん》の留学生《りゅうがくせい》が言《い》った言葉《ことば》です。日本語《にほんご》では、スープは「飲《の》む」と表現《ひょうげん》することが多《おお》いため、日本語《にほんご》を母語《ぼご》とする人《ひと》が聞《き》くと、㋐やや不自然《ふしぜん》に聞《き》こえます。

※母語《ぼご》…人《ひと》が生《う》まれて最初《さいしょ》に習《なら》い、覚《おぼ》えた言語《げんご》のこと。日本人《にほんじん》の母語《ぼご》は、ふつう、日本語《にほんご》。

※言語《げんご》…言葉《ことば》。

2

子《こ》どもとはちがい、この留学生《りゅうがくせい》は、「飲《の》む」という言葉《ことば》を知《し》らなかったわけではありません。それでは、どうしてこのような表現《ひょうげん》をしたのでしょうか。

(令和二年度版　光村図書　国語五　銀河　今井《いまい》　むつみ)

1 (1) ㋐やや不自然《ふしぜん》にとありますが、留学生《りゅうがくせい》の言《い》った言葉《ことば》のうち、どの言葉《ことば》が不自然《ふしぜん》ですか。一《ひと》つに○をつけましょう。

(　) 朝食《ちょうしょく》に

(　) スープを

(○) 食《た》べました

(2) 留学生《りゅうがくせい》の言葉《ことば》が、日本語《にほんご》を母語《ぼご》とする人《ひと》にやや不自然《ふしぜん》に聞《き》こえるのは、どうしてですか。文中《ぶんちゅう》の言葉《ことば》を使《つか》って書《か》きましょう。

［ 日本語《にほんご》では、スープは「飲む」と表現することが多い ため。］

2 「朝食《ちょうしょく》にスープを食《た》べました。」と言《い》った留学生《りゅうがくせい》は、「飲《の》む」という言葉《ことば》を知《し》っていましたか。○をつけましょう。

(○) 知《し》っていた。

(　) 知《し》らなかった。

26頁

言葉《ことば》の意味《いみ》が分《わ》かること (4)

名前

● 次《つぎ》の文章《ぶんしょう》を二回《にかい》読《よ》んで、答《こた》えましょう。

1

アメリカ人《じん》の留学生《りゅうがくせい》は、「飲《の》む」という言葉《ことば》を知《し》っていたのに、どうして「スープを食《た》べました。」という表現《ひょうげん》をしたのでしょうか。

それは、㋐英語《えいご》と同《おな》じ感覚《かんかく》で「食《た》べる」という言葉《ことば》を使《つか》ったことが原因《げんいん》です。英語《えいご》では、ものを食《た》べる動作《どうさ》を「eat《イート》」という言葉《ことば》で表《あらわ》しますが、これをスープに対《たい》しても使《つか》うため、「スープを食《た》べる」という表現《ひょうげん》をしたのでしょう。

※感覚《かんかく》…物事《ものごと》のとらえ方《かた》や感《かん》じ方《かた》。

2

日本語《にほんご》の「食《た》べる」と、英語《えいご》の「eat《イート》」は似《に》た意味《いみ》の言葉《ことば》ですが、㋑意味《いみ》のはんいがちがうのです。

「食《た》べる」と「eat《イート》」以外《いがい》の言葉《ことば》にも、こういったちがいはあります。

(令和二年度版　光村図書　国語五　銀河　今井《いまい》　むつみ)

1 ㋐英語《えいご》と同《おな》じ感覚《かんかく》で「食《た》べる」という言葉《ことば》を使《つか》ったについて答《こた》えましょう。

① 「英語《えいご》と同《おな》じ感覚《かんかく》で」とは、どういう意味《いみ》ですか。○をつけましょう。

(　) 英語《えいご》を話《はな》したくなって。

(○) 英語《えいご》を話《はな》すときと同《おな》じ使《つか》い方《かた》で。

② ㋐英語《えいご》と同《おな》じ感覚《かんかく》で「食《た》べる」という言葉《ことば》を使《つか》ったとは、どういうことですか。

［ 英語《えいご》で ものを食べる 動作《どうさ》を表《あらわ》す「eat《イート》」という言葉《ことば》を、 スープ に対《たい》しても使《つか》ったということ。］

2 ㋑意味《いみ》のはんいがちがうとありますが、英語《えいご》の「eat《イート》」の「意味《いみ》のはんい」の説明《せつめい》として合《あ》うものに○、合《あ》わないものに×をつけましょう。

(×) 英語《えいご》の「eat《イート》」は、日本語《にほんご》と同《おな》じでスープに対《たい》しては使《つか》われない。

(○) 英語《えいご》の「eat《イート》」は、スープに対《たい》しても使《つか》われる。

(×) 英語《えいご》の「eat《イート》」には、「食《た》べる」という意味《いみ》はない。

27頁

情報《じょうほう》 原因《げんいん》と結果《けっか》

名前

(1) 次《つぎ》の文章《ぶんしょう》には、それぞれ「原因《げんいん》と結果《けっか》」にあたることが書《か》かれています。——線《せん》の部分《ぶぶん》は、「原因《げんいん》」、または「結果《けっか》」のどちらですか。【例《れい》】のように、(　)にあてはまる方《ほう》を書《か》きましょう。

【例《れい》】 毎日練習《まいにちれんしゅう》することによって、妹《いもうと》はピアノが上手《じょうず》になった。

(原因)　(結果)

① 急《きゅう》に雨《あめ》がふり出《だ》したので、全身《ぜんしん》がびしょぬれになった。

(原因)　(結果)

② 弟《おとうと》はよろこんだ。なぜなら、ゲームに勝《か》ったからだ。

(結果)　(原因)

③ ぼくは学校《がっこう》を休《やす》んだ。それは、高《たか》い熱《ねつ》が出《で》たからだ。

(結果)　(原因)

(2) 次《つぎ》の——線《せん》の部分《ぶぶん》は、原因《げんいん》と結果《けっか》のどちらですか。あてはまる方《ほう》を書《か》きましょう。

① 「いつもありがとう。」と言《い》ったら、お母《かあ》さんはよろこんだ。

(原因)

② 朝《あさ》ねぼうをしたせいで、学校《がっこう》まで走《はし》って行《い》った。

(結果)

③ 花《はな》がかれた。それは、水《みず》やりをわすれたからだ。

(原因)

28頁

和語《わご》・漢語《かんご》・外来語《がいらいご》 (1)

名前

教科書《きょうかしょ》の「和語《わご》・漢語《かんご》・外来語《がいらいご》」を読《よ》んで、答《こた》えましょう。

(1) 次《つぎ》の①〜③は、それぞれどのような言葉《ことば》ですか。□から選《えら》んで、記号《きごう》で答《こた》えましょう。

① 和語《わご》 ア

② 漢語《かんご》 ウ

③ 外来語《がいらいご》 イ

㋐ もともと日本《にほん》にあった言葉《ことば》。
㋑ アメリカやヨーロッパなどから日本《にほん》に入《はい》ってきた言葉《ことば》で、ふつう片仮名《かたかな》で書《か》き表《あらわ》す。
㋒ 古《ふる》くに中国《ちゅうごく》から日本《にほん》に入《はい》ってきた言葉《ことば》で、ふつう漢字《かんじ》で書《か》き表《あらわ》す。

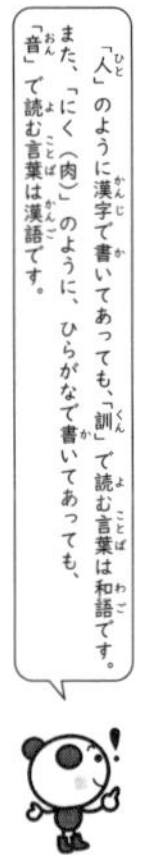

(2) 次《つぎ》の□の言葉《ことば》を、和語《わご》・漢語《かんご》・外来語《がいらいご》に分《わ》けて、それぞれ書《か》きましょう。

・混雑《こんざつ》　・混《こ》み合《あ》う　・ラッシュ
・速《はや》さ　・スピード　・速度《そくど》

① 和語《わご》 混み合う　速さ

② 漢語《かんご》 混雑　速度

③ 外来語《がいらいご》 ラッシュ　スピード

（※①〜③の二つの答えは順不同）

29頁

和語《わご》・漢語《かんご》・外来語《がいらいご》 (2)

名前

● 次《つぎ》の□の文中《ぶんちゅう》の——線《せん》の言葉《ことば》は、和語《わご》・漢語《かんご》・外来語《がいらいご》のうち、どの言葉《ことば》ですか。それぞれ記号《きごう》で答《こた》えましょう。

(1)

① 和語《わご》 イ

② 漢語《かんご》 ウ

③ 外来語《がいらいご》 ア

㋐ 交通《こうつう》ルールについて学《まな》ぶ。
㋑ 登下校《とうげこう》のきまりをたしかめる。
㋒ 学校《がっこう》の規則《きそく》を思《おも》い出《だ》す。

(2)

① 和語《わご》 ウ

② 漢語《かんご》 ア

③ 外来語《がいらいご》 イ

㋐ ゲーム開始《かいし》のふえが鳴《な》る。
㋑ スタートの合図《あいず》を待《ま》つ。
㋒ 試合《しあい》の始《はじ》まりは午後《ごご》一時《いちじ》だ。

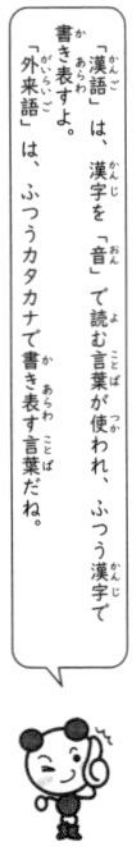

30頁

和語《わご》・漢語《かんご》・外来語《がいらいご》 (3)

名前

● 次《つぎ》の言葉《ことば》には、「訓《くん》」で読《よ》む和語《わご》と、「音《おん》」で読《よ》む漢語《かんご》の二《ふた》つの読《よ》み方《かた》があります。——線《せん》の言葉《ことば》が和語《わご》の読《よ》み方《かた》をひらがなで、漢語《かんご》の読《よ》み方《かた》をカタカナで書《か》きましょう。また、その言葉《ことば》の意味《いみ》を□から選《えら》んで、記号《きごう》で答《こた》えましょう。

(1) 風車

① 妹《いもうと》が風車をくるくると回《まわ》す。
（読《よ》み方《かた》） かざぐるま　（意味《いみ》） イ

② 風車小屋《ごや》は畑《はたけ》の向《む》こう側《がわ》にある。
（読《よ》み方《かた》） フウシャ　（意味《いみ》） ア

㋐ 風《かぜ》の力《ちから》で羽根車《はねぐるま》を回《まわ》し、粉《こな》をひいたり発電《はってん》したりするそうち。
㋑ 風《かぜ》で回《まわ》る、紙《かみ》などで作《つく》ったおもちゃ。

(2) 生物

① 生物は早《はや》く食《た》べたほうがよい。
（読《よ》み方《かた》） なまもの　（意味《いみ》） ア

② 池《いけ》にいる生物を調《しら》べる。
（読《よ》み方《かた》） セイブツ　（意味《いみ》） イ

㋐ 加熱《かねつ》していない食《た》べもの。
㋑ 動物《どうぶつ》や植物《しょくぶつ》など、すべてのいきもの。

31頁

和語《わご》・漢語《かんご》・外来語《がいらいご》 (4)

名前

(1) 次《つぎ》の和語《わご》と同《おな》じ意味《いみ》の外来語《がいらいご》を□から選《えら》んで書《か》きましょう。

① 球《たま》 ボール

② 長《なが》いす ベンチ

③ くだもの フルーツ

ベンチ・フルーツ・ボール

(2) 次《つぎ》の漢語《かんご》と同《おな》じ意味《いみ》の外来語《がいらいご》を□から選《えら》んで書《か》きましょう。

① 試験《しけん》 テスト

② 時間《じかん》 タイム

③ ちょうせん チャレンジ

テスト・チャレンジ・タイム

(3) 次《つぎ》の外来語《がいらいご》と同《おな》じ意味《いみ》の漢語《かんご》と和語《わご》を——線《せん》で結《むす》びましょう。

① ランナー
㋐ 和語《わご》 — 走《はし》る人《ひと》
㋑ 漢語《かんご》 — 走者《そうしゃ》

② ホテル
㋐ 和語《わご》 — 宿屋《やどや》
㋑ 漢語《かんご》 — 旅館《りょかん》

解答例

本書の解答は，あくまでもひとつの例です。児童に取り組ませる前に，必ず指導される方が問題を解いてください。指導される方の作られた解答をもとに，児童の多様な考えに寄り添って○つけをお願いします。

32頁

日常《にちじょう》を十七音《じゅうしちおん》で (1)

名前

(1) 次《つぎ》の文《ぶん》は、俳句《はいく》について説明《せつめい》したものです。{ } の中《なか》であてはまる方《ほう》の言葉《ことば》を○でかこみましょう。

① 俳句《はいく》は、ふつう、{ 五《ご》・七《しち》・五《ご》・七《しち》・七《しち》 / **五《ご》・七《しち》・五《ご》** } の十七音《じゅうしちおん》で作《つく》ります。

② 俳句《はいく》では、ふつう、「{ 漢語《かんご》 / **季語《きご》** }」という季節《きせつ》を表《あらわ》す言葉《ことば》を使《つか》って、季節感《きせつかん》を表《あらわ》します。

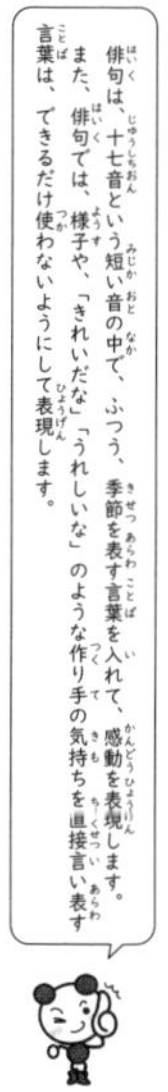

(2) 次《つぎ》の言葉《ことば》は、どの季節《きせつ》を表《あらわ》しますか。（ ）に春《はる》・夏《なつ》・秋《あき》・冬《ふゆ》のどれかを書《か》きましょう。

① 桜《さくら》 （春）
② かぶと虫《むし》 （夏）
③ 雪《ゆき》 （冬）
④ こおろぎ （秋）
⑤ コスモス （秋）
⑥ 手《て》ぶくろ （冬）
⑦ 夕立《ゆうだち》 （夏）
⑧ あたたか （春）

33頁

日常《にちじょう》を十七音《じゅうしちおん》で (2)

名前

● 次《つぎ》の俳句《はいく》を二回《にかい》ずつ音読《おんどく》して、問題《もんだい》に答《こた》えましょう。

1

㋐ 雪《ゆき》だるま星《ほし》のおしやべり（おしゃべり）ぺちやくちや（ぺちゃくちゃ）と　松本《まつもと》　たかし

㋑ すずらんのりりりりりりと風《かぜ》に在《あ》り　日野《ひの》　草城《そうじょう》

2

㋒ 行《ゆ》く秋《あき》やつくづくおしと鳴《な》くせみか

㋓ 行《ゆ》く秋《あき》やつくづくおしと蟬《せみ》の鳴《な》く　小林《こばやし》　一茶《いっさ》

（令和二年度版　光村図書　国語五　銀河「日常を十七音で」による）

1

(1) ㋐の俳句《はいく》の、季語《きご》と季節《きせつ》を書《か》きましょう。

季語《きご》 （雪だるま）　季節《きせつ》 （冬）

(2) ㋑の俳句《はいく》で、作者《さくしゃ》は、風《かぜ》の中《なか》のすずらんの花《はな》の様子《ようす》を何《なん》と表現《ひょうげん》していますか。六文字《ろくもじ》で書《か》き出《だ》しましょう。

りりりりりり

2

(1) ㋒と㋓の俳句《はいく》の、——線《せん》を引《ひ》いた部分《ぶぶん》をそれぞれひらがなで書《か》きましょう。

㋒ なくせみか

㋓ せみのなく

(2) ㋒と㋓の俳句《はいく》で、作者《さくしゃ》がそれぞれ注目《ちゅうもく》しているものは、何《なん》ですか。

㋒ 鳴《な》いている （せみ）。

㋓ せみが （鳴く） 声《こえ》。

34頁

古典《こてん》の世界《せかい》（一《いち》） (1)

名前

教科書《きょうかしょ》の「古典《こてん》の世界《せかい》（一《いち》）」を読《よ》んで、答《こた》えましょう。

(1) 次《つぎ》の文章《ぶんしょう》は、「竹取物語《たけとりものがたり》」と「平家物語《へいけものがたり》」について説明《せつめい》したものです。あてはまる言葉《ことば》を□から選《えら》んで書《か》きましょう。

① 「竹取物語《たけとりものがたり》」は、今《いま》から（千年）以上前《いじょうまえ》に書《か》かれた物語《ものがたり》で、今《いま》は、「（かぐやひめ）」の名《な》でも知《し》られています。現実《げんじつ》には起《お》こらないような（不思議な）出来事《できごと》が書《か》かれています。

かぐやひめ ・ 不思議《ふしぎ》な ・ 千年《せんねん》

② 「平家物語《へいけものがたり》」は、（平家）とよばれる武士《ぶし》の（一族）が、栄《さか》え、そして、ほろんでゆくさまを書《か》いた作品《さくひん》です。（移り変わる）時代《じだい》と、人々《ひとびと》のすがたが書《か》かれています。

移《うつ》り変《か》わる ・ 平家《へいけ》 ・ 一族《いちぞく》

(2) 次《つぎ》の古典作品《こてんさくひん》の作者名《さくしゃめい》と、説明文《せつめいぶん》に合《あ》う方《ほう》を——線《せん》で結《むす》びましょう。

〈作品名《さくひんめい》〉	〈作者名《さくしゃめい》〉	〈説明文《せつめいぶん》〉
① 徒然草《つれづれぐさ》	松尾《まつお》　芭蕉《ばしょう》	作者《さくしゃ》が弟子《でし》とともに旅《たび》をしながら感動《かんどう》したことを記《しる》した紀行文《きこうぶん》。
② おくのほそ道《みち》	兼好法師《けんこうほうし》	人間《にんげん》の生活《せいかつ》や行動《こうどう》、移《うつ》りゆく自然《しぜん》のすがたなどについて書《か》かれた作品《さくひん》。作者《さくしゃ》のものの見方《みかた》や考《かんが》え方《かた》が表《あらわ》れている。

（解答：① 徒然草 — 兼好法師 — 人間の生活や行動、…が表れている。／② おくのほそ道 — 松尾芭蕉 — 作者が弟子とともに…紀行文。）

35頁

古典《こてん》の世界《せかい》（一《いち》） (2)

名前

教科書《きょうかしょ》の「古典《こてん》の世界《せかい》（一《いち》）」を読《よ》んで、答《こた》えましょう。

● 次《つぎ》の文章《ぶんしょう》は、多《おお》くの人《ひと》に知《し》られている古典《こてん》の、始《はじ》まりの一文《いちぶん》です。それぞれの作品名《さくひんめい》を□から選《えら》んで書《か》きましょう。

① 今《いま》は昔《むかし》、竹取《たけとり》の翁《おきな》といふ（う）ものありけり。　竹取物語

② 月日《つきひ》は百代《はくたい》の過客《かかく》にして、行《ゆ》きかふ（こう）年《とし》もまた旅人《たびびと》なり。　おくのほそ道

③ 祇園精舎《ぎおんしょうじゃ》の鐘《かね》の声《こえ》、諸行無常《しょぎょうむじょう》の響《ひび》きあり。　平家物語

④ つれづれなるままに、日暮《ひぐ》らし、硯《すずり》に向《む》かひ（い）て、心《こころ》にうつりゆくよしなし事《ごと》を、そこはかとなく書《か》きつくれば、あやしう（しゅう）こそものぐるほ（お）しけれ。　徒然草

・おくのほそ道《みち》　・平家物語《へいけものがたり》
・徒然草《つれづれぐさ》　・竹取物語《たけとりものがたり》

（令和二年度版　光村図書　国語五　銀河「古典の世界（一）」による）

36頁

古典《こてん》の世界《せかい》（一《いち》）（竹取物語《たけとりものがたり》） (3)

名前

● 次《つぎ》の古典《こてん》の始《はじ》まりの部分《ぶぶん》を二回音読《にかいおんどく》し、意味《いみ》の文《ぶん》も読《よ》んで、答《こた》えましょう。

1

〈もとの文《ぶん》〉
今《いま》は昔《むかし》、竹取《たけとり》の翁《おきな》と㋐いふもの（う）ありけり。野山《のやま》にまじりて竹《たけ》を取《と》りつつ、よろづ（ず）のことに㋑使《つか》ひ（い）けり。名《な》をば、さぬきのみやつことなむ（ん）いひ（い）ける。

〈意味《いみ》の文《ぶん》〉
昔《むかし》、竹取《たけとり》の翁《おきな》とよばれる人《ひと》がいた。翁《おきな》は、野山《のやま》に分《わ》け入《い》って竹《たけ》を取《と》っては、いろいろな物《もの》を作《つく》るのに使《つか》っていた。名前《なまえ》を「さぬきのみやつこ」といった。

2

〈もとの文《ぶん》〉
その竹《たけ》の中《なか》に、もと光《ひか》る竹《たけ》なむ（ん）一筋《ひとすじ》ありける。あやしがりて、寄《よ》りて見《み》るに、筒《つつ》の中光《なかひか》りたり。それを見《み》れば、三寸《さんずん》ばかりなる人《ひと》、いとうつくしう（しゅう）てゐ（い）たり。

〈意味《いみ》の文《ぶん》〉
ある日《ひ》のこと、その竹林《ちくりん》の中《なか》に、根元《ねもと》の光《ひか》る竹《たけ》が一本《いっぽん》あった。不思議《ふしぎ》に思《おも》って、近寄《ちかよ》って見《み》ると、筒《つつ》の中《なか》が光《ひか》っている。それを見《み》ると、手《て》にのるぐらいの小《ちい》さな人《ひと》が、とてもかわいらしい様子《ようす》ですわっていた。

（令和二年度版　光村図書　国語五　銀河「古典の世界（一）」による）

1

(1) 声《こえ》に出《だ》して読《よ》むとき、次《つぎ》の言葉《ことば》は何《なん》と読《よ》みますか。ひらがなで書《か》きましょう。

㋐ いふもの　（いうもの）

㋑ 使《つか》ひけり　（つかいけり）

(2) 「竹取《たけとり》の翁《おきな》」とよばれる人《ひと》は、何《なん》という名前《なまえ》でしたか。

（さぬきのみやつこ）

2

(1) 竹取《たけとり》の翁《おきな》が竹林《ちくりん》の中《なか》に見《み》つけたものは、何《なん》でしたか。（意味《いみ》の文《ぶん》）から書《か》き出《だ》しましょう。

根元《ねもと》の（光る竹）

(2) 竹取《たけとり》の翁《おきな》が近寄《ちかよ》って見《み》た筒《つつ》の中《なか》には、どれぐらいの大《おお》きさの人《ひと》がいましたか。〈もとの文《ぶん》〉と（意味《いみ》の文《ぶん》）からそれぞれ書《か》き出《だ》しましょう。

〈もとの文《ぶん》〉（三寸ばかりなる人）

（意味《いみ》の文《ぶん》）（手にのるぐらいの小さな人）

37頁

古典《こてん》の世界《せかい》（一《いち》）（平家物語《へいけものがたり》） (4)

名前

● 次《つぎ》の古典《こてん》の始《はじ》まりの部分《ぶぶん》を二回音読《にかいおんどく》し、意味《いみ》の文《ぶん》も読《よ》んで、答《こた》えましょう。

1

〈もとの文《ぶん》〉
祇園精舎《ぎおんしょうじゃ》の鐘《かね》の声《こえ》、
㋐諸行無常《しょぎょうむじょう》の響《ひび》きあり。
沙羅双樹《しゃらそうじゅ》の花《はな》の色《いろ》、
盛者必衰《じょうしゃひっすい》の理《ことわり》を㋑あらはす（わ）。

〈意味《いみ》の文《ぶん》〉
祇園精舎《ぎおんしょうじゃ》の鐘《かね》の音《おと》は、「全《すべ》ての物事《ものごと》は移《うつ》り変《か》わる」ということを人《ひと》に思《おも》い起《お》こさせる響《ひび》きがある。沙羅双樹《しゃらそうじゅ》の花《はな》のすがたは、いきおいのさかんな者《もの》もいつかはおとろえるという道理《どうり》をしめしている。

2

〈もとの文《ぶん》〉
おごれる人《ひと》も久《ひさ》しからず、
ただ春《はる》の夜《よ》の夢《ゆめ》のごとし。
たけき者《もの》もつひ（い）には滅《ほろ》びぬ、
ひとへ（え）に風《かぜ》の前《まえ》の塵《ちり》に同《おな》じ。

〈意味《いみ》の文《ぶん》〉
㋒おごり高《たか》ぶる人《ひと》も長《なが》くは続《つづ》かず、ただ春《はる》の夜《よ》の夢《ゆめ》のようにはかない。
㋓強《つよ》い者《もの》も最後《さいご》には滅《ほろ》びる。
まさに風《かぜ》にふき飛《と》ぶ塵《ちり》と同《おな》じである。
※おごり高《たか》ぶる…思《おも》いあがって、えらそうにしている。

（令和二年度版　光村図書　国語五　銀河「古典の世界（一）」による）

1

(1) 声《こえ》に出《だ》して読《よ》むとき、次《つぎ》の言葉《ことば》は何《なん》と読《よ》みますか。ひらがなで書《か》きましょう。

㋑ あらはす　（あらわす）

(2) ㋐諸行無常《しょぎょうむじょう》の響《ひび》きありとは、どんな意味《いみ》ですか。（意味《いみ》の文《ぶん》）から書《か》き出《だ》しましょう。

（「全ての物事は移り変わる」）ということを人《ひと》に思《おも》い起《お》こさせる響《ひび》きがある。

2

(1) ㋒おごり高《たか》ぶる人《ひと》も長《なが》くは続《つづ》かずという様子《ようす》を、何《なん》のようにはかないといっていますか。

（春の夜）の夢《ゆめ》

(2) ㋓強《つよ》い者《もの》も最後《さいご》には滅《ほろ》びる。とありますが、このことを、何《なに》と同《おな》じだといっていますか。〈もとの文《ぶん》〉から、ます目《め》にあてはまる言葉《ことば》を書《か》き出《だ》しましょう。

ひとへに（風の前）の塵《ちり》に同《おな》じ。

38頁

情報《じょうほう》　目的《もくてき》に応《おう》じて引用《いんよう》するとき

名前

教科書《きょうかしょ》の「目的《もくてき》に応《おう》じて引用《いんよう》するとき」を読《よ》んで、答《こた》えましょう。

(1) 次《つぎ》の文《ぶん》は、調《しら》べたことを書《か》き留《と》めるときに気《き》をつけることです。あてはまる言葉《ことば》を□から選《えら》んで書《か》きましょう。

① 情報《じょうほう》を書《か》き留《と》める（目的）をはっきりさせる。

② 目的《もくてき》に合《あ》った部分《ぶぶん》を、（正確）に書《か》き写《うつ》す。

③ （出典）となる本《ほん》の情報《じょうほう》を記録《きろく》する。

出典《しゅってん》・正確《せいかく》・目的《もくてき》

(2) 木原《きはら》さんは、日本《にほん》の森林《しんりん》の特徴《とくちょう》について調《しら》べたことを報告《ほうこく》する文章《ぶんしょう》を書《か》くために、ある一冊《いっさつ》の本《ほん》を読《よ》んで引用《いんよう》カードを書《か》きました。次《つぎ》の木原《きはら》さんの引用《いんよう》カードの①〜③にあてはまる言葉《ことば》を、下《した》の□から選《えら》んで書《か》きましょう。

●木原《きはら》さんの引用《いんよう》カード

（①）
日本《にほん》の森林《しんりん》の特徴《とくちょう》について調《しら》べたことを報告《ほうこく》する。

（②）
「日本《にほん》は，森林《しんりん》の多《おお》い国《くに》で，日本全体《にほんぜんたい》の面積《めんせき》の約七割《やくななわり》が森林《しんりん》である。そのうち，人工林《じんこうりん》が全体《ぜんたい》の約四割《やくよんわり》をしめる。」
「日本《にほん》は，世界《せかい》の中《なか》でも，この人工林《じんこうりん》の割合《わりあい》が大《おお》きい国《くに》なのである。」

（③）
遠山《とおやま》　里子《さとこ》「森林《しんりん》の働《はたら》き」大空書店《おおぞらしょてん》，2020年《ねん》，52ページ

① （調べる目的）
② （引用したい部分）
③ （出典）

・出典《しゅってん》　・調《しら》べる目的《もくてき》　・引用《いんよう》したい部分《ぶぶん》

（令和二年度版　光村図書　国語五　銀河「目的に応じて引用するとき」による）

39頁

みんなが過《す》ごしやすい町《まち》へ (1)

名前

教科書《きょうかしょ》の「みんなが過《す》ごしやすい町《まち》へ」を読《よ》んで、答《こた》えましょう。

● 次《つぎ》の調《しら》べ方《かた》には、それぞれどんな特長《とくちょう》がありますか。あてはまる特長《とくちょう》を説明《せつめい》した文《ぶん》を□から選《えら》んで、㋐〜㋔の記号《きごう》で答《こた》えましょう。また、それぞれの調《しら》べ方《かた》の様子《ようす》の絵《え》を㋕〜㋙から選《えら》んで記号《きごう》で答《こた》えましょう。

① インタビュー　（説明文《せつめいぶん》）㋑　（絵《え》）㋗

② アンケート調査《ちょうさ》　（説明文《せつめいぶん》）㋓　（絵《え》）㋕

③ 実際《じっさい》に見《み》て調《しら》べる　（説明文《せつめいぶん》）㋐　（絵《え》）㋙

④ 本《ほん》や資料《しりょう》で調《しら》べる　（説明文《せつめいぶん》）㋔　（絵《え》）㋖

⑤ インターネットで調《しら》べる　（説明文《せつめいぶん》）㋒　（絵《え》）㋘

（説明文《せつめいぶん》）
㋐ 実際《じっさい》の様子《ようす》を見《み》て、確《たし》かめることができる。
㋑ くわしい人《ひと》に直接《ちょくせつ》きくことができる。
㋒ 最新《さいしん》の情報《じょうほう》や、世界中《せかいじゅう》の情報《じょうほう》を知《し》ることができる。
㋓ たくさんの人《ひと》の考《かんが》えを知《し》ることができる。
㋔ 他《ほか》のちいきのことや、せんもん家《か》の意見《いけん》などを知《し》ることができる。

㋕ 

㋘ 

㋗ 

㋖ 

㋙ 

解答例

本書の解答は，あくまでもひとつの例です。児童に取り組ませる前に，必ず指導される方が問題を解いてください。指導される方の作られた解答をもとに，児童の多様な考えに寄り添って○つけをお願いします。

40頁

みんなが過《す》ごしやすい町《まち》へ (2)

名前

教科書《きょうかしょ》の「みんなが過《す》ごしやすい町《まち》へ」を読《よ》んで、答《こた》えましょう。

(1) ちいきの音声案内《おんせいあんない》について調《しら》べたことを報告《ほうこく》する文章《ぶんしょう》を書《か》くために構成《こうせい》を考《かんが》えます。次《つぎ》のメモは、その組《く》み立《た》てメモの例《れい》です。（　）にあてはまる言葉《ことば》を、下《した》の□から選《えら》んで書《か》きましょう。

●組《く》み立《た》てメモの例《れい》

題名《だいめい》
音声案内《おんせいあんない》を利用《りよう》して，
みんなが過《す》ごしやすい町《まち》へ

1. 調《しら》べた（きっかけ）
2. （調べ方）
3. 調《しら》べて（分かったこと）
 (1) いろいろな場所《ばしょ》の音声案内《おんせいあんない》
  ・信号《しんごう》
  ・バス
  ・トイレ
 (2) より過《す》ごしやすい工夫《くふう》
  ・外国語《がいこくご》への対応《たいおう》
  ・商店街《しょうてんがい》で音声案内《おんせいあんない》サービス
4. （まとめ）

（令和二年度版　光村図書　国語五　銀河「みんなが過ごしやすい町へ」による）

まとめ　・　きっかけ
調《しら》べ方《かた》　・　分《わ》かったこと

(2) 次《つぎ》の文《ぶん》は、報告《ほうこく》する文章《ぶんしょう》を書《か》くときに気《き》をつけることです。（　）にあてはまる言葉《ことば》を□から選《えら》んで書《か》きましょう。

① 最初《さいしょ》に挙《あ》げた話題《わだい》と、最後《さいご》の（まとめ）が対応《たいおう》するように書《か》く。

② 引用《いんよう》したところは、他《ほか》の部分《ぶぶん》と（区別）して書《か》く。

③ 絵《え》や（写真）、図表《ずひょう》などを使《つか》って、見《み》やすくまとめる。

区別《くべつ》　・　写真《しゃしん》　・　まとめ

41頁

同《おな》じ読《よ》み方《かた》の漢字《かんじ》 (1)
（同訓異字《どうくんいじ》）

名前

(1) 文《ぶん》の意味《いみ》に合《あ》うように、上《うえ》と下《した》を——線《せん》で結《むす》びましょう。

① ㋐ 今年《ことし》の夏《なつ》は　　　厚《あつ》い。
　 ㋑ ふろの湯《ゆ》は　　　熱《あつ》い。
　 ㋒ 国語辞典《こくごじてん》は　　　暑《あつ》い。

② ㋐ 夜《よ》が　　　空《あ》ける。
　 ㋑ まどを　　　明《あ》ける。
　 ㋒ 席《せき》を　　　開《あ》ける。

(2) 次《つぎ》の文《ぶん》に合《あ》う言葉《ことば》を□から選《えら》んで書《か》きましょう。

① ㋐ 今朝《けさ》は、［早い］時間《じかん》に起《お》きた。
　 ㋑ 兄《あに》は、走《はし》るのが［速い］。

早《はや》い　・　速《はや》い

② ㋐ 武士《ぶし》のように、こしに刀《かたな》を［差す］。
　 ㋑ 時計《とけい》のはりが九時《くじ》を［指す］。

指《さ》す　・　差《さ》す

42頁

同《おな》じ読《よ》み方《かた》の漢字《かんじ》 (2)
（同訓異字《どうくんいじ》）

名前

(1) 文《ぶん》の意味《いみ》に合《あ》うように、上《うえ》と下《した》を——線《せん》で結《むす》びましょう。

① ㋐ 赤《あか》ちゃんが　　　鳴《な》く。
　 ㋑ 小鳥《ことり》が　　　泣《な》く。

② ㋐ 月《つき》がすがたを　　　現《あらわ》す。
　 ㋑ グラフに　　　表《あらわ》す。

(2) 次《つぎ》の文《ぶん》に合《あ》う言葉《ことば》を□から選《えら》んで書《か》きましょう。

① ㋐ 電車《でんしゃ》が駅《えき》に［着く］。
　 ㋑ 絵《え》の具《ぐ》が手《て》に［付く］。

付《つ》く　・　着《つ》く

② ㋐ 家《いえ》から学校《がっこう》までかかる時間《じかん》を［計る］。
　 ㋑ 正方形《せいほうけい》の一辺《いっぺん》の長《なが》さを［測る］。
　 ㋒ 一《ひと》ふくろの米《こめ》の重《おも》さを［量る］。

計《はか》る　・　量《はか》る　・　測《はか》る

43頁

同《おな》じ読《よ》み方《かた》の漢字《かんじ》 (3)
（同音異義語《どうおんいぎご》）

名前

(1) ……線《せん》の言葉《ことば》に合《あ》う漢字《かんじ》を下《した》から選《えら》んで——線《せん》で結《むす》びましょう。

① ㋐ 発表会《はっぴょうかい》は、二《に》シュウカン後《ご》だ。　　　週刊
　 ㋑ 書店《しょてん》でシュウカン誌《し》を買《か》う。　　　週間

② ㋐ 陸上《りくじょう》キョウギ大会《たいかい》に出場《しゅつじょう》する。　　　協議
　 ㋑ 問題点《もんだいてん》についてキョウギする。　　　競技

(2) 次《つぎ》の読《よ》み方《かた》の漢字《かんじ》で、文《ぶん》に合《あ》う言葉《ことば》を□から選《えら》んで書《か》きましょう。

① コウエン
　 ㋐ 市民《しみん》ホールで、音楽《おんがく》げきの［公演］を見《み》る。
　 ㋑ 友達《ともだち》と［公園］で遊《あそ》ぶ。

公園　・　公演

② イガイ
　 ㋐ 今日《きょう》は、［意外］に暑《あつ》い。
　 ㋑ 筆記用具《ひっきようぐ》［以外］に持《も》っていく必要《ひつよう》はない。

意外　・　以外

44頁

同《おな》じ読《よ》み方《かた》の漢字《かんじ》 (4)
（同音異義語《どういおんいぎご》）

名前

(1) ――線《せん》の言葉《ことば》に合《あ》う漢字《かんじ》を――線《せん》で結《むす》びましょう。また、その言葉《ことば》の意味《いみ》を――線《せん》で結《むす》びましょう。

① ㋐ ボウフウに備《そな》える。
㋑ ボウフウ林《りん》を作《つく》る。

防風 ― 風《かぜ》をふせぐこと。
暴風 ― はげしい風《かぜ》のこと。

（㋐ ― 暴風、㋑ ― 防風）

② ㋐ 山《やま》でコウセキを発見《はっけん》する。
㋑ 先生《せんせい》のコウセキをたたえる。

鉱石 ― 金属《きんぞく》をふくむ石《いし》。
功績 ― 手《て》がら。

（㋐ ― 鉱石、㋑ ― 功績）

(2) 次《つぎ》の読《よ》み方《かた》の漢字《かんじ》で、文《ぶん》に合《あ》う言葉《ことば》を□から選《えら》んで書《か》きましょう。

① コウカイ

㋐ 大《おお》きな船《ふね》が太平洋《たいへいよう》を［航海］する。

㋑ 初《はじ》めて［公開］された絵画《かいが》を見《み》る。

航海 ・ 公開

② ジシン

㋐ みんなの前《まえ》で［自信］作《さく》を発表《はっぴょう》する。

㋑ ［自身］の最大《さいだい》の力《ちから》を出《だ》そうとがんばった。

自身 ・ 自信

45頁

季節《きせつ》の言葉《ことば》2 夏《なつ》の夜《よる》 (1)
（枕草子《まくらのそうし》 夏《なつ》）

名前

● 次《つぎ》の清少納言《せいしょうなごん》が書《か》いた「枕草子《まくらのそうし》」の文章《ぶんしょう》を二回音読《にかいおんどく》し、意味《いみ》の文《ぶん》も読《よ》んで、答《こた》えましょう。

〈もとの文《ぶん》〉

夏《なつ》は夜《よる》。月《つき》のころは
さらなり、闇《やみ》もなほ㋔、
蛍《ほたる》の多《おお》く飛《と》びちがひ㋑たる。
また、ただ一《ひと》つ二《ふた》つなど、
ほのかにうち光《ひか》りて
行《い》くもを㋔かし。
雨《あめ》など降《ふ》るもを㋔かし。

（意味《いみ》の文《ぶん》）

夏《なつ》は夜《よる》がよい。月《つき》のころは
言《い》うまでもないが、月《つき》のない
闇夜《やみよ》でもやはり、蛍《ほたる》がたくさん
飛《と》びかっているのはよい㋐。
ただ一《いっ》ぴき二《に》ひきと、
かすかに光《ひか》りながら飛《と》んで
いくのも、しみじみとしてよい。
㋑雨《あめ》などが降《ふ》るのもよいものである。

（令和二年度版　光村図書　国語五　銀河　「季節の言葉2　夏の夜」による）

(1) 声《こえ》に出《だ》して読《よ》むとき、次《つぎ》の言葉《ことば》は、何《なん》と読《よ》みますか。ひらがなで書《か》きましょう。

① なほ　［なお］

② 飛《と》びちがひたる　［とびちがいたる］

(2) 作者《さくしゃ》の清少納言《せいしょうなごん》は、夏《なつ》は、一日《いちにち》のうちのいつがよいといっていますか。一文字《ひともじ》で書《か》きましょう。

［夜］

(3) 作者《さくしゃ》は、夏《なつ》の夜《よる》に見《み》られる、何《なに》が㋐よいといっていますか。二《ふた》つ書《か》きましょう。
（習《なら》っていない漢字《かんじ》は、ひらがなで書《か》きましょう。）

［月］　［蛍］

(4) ㋑雨《あめ》などが降《ふ》るのもよいものであるといっている〈もとの文《ぶん》〉を書《か》きましょう。

雨《あめ》など降《ふ》るも［をかし］。

46頁

季節《きせつ》の言葉《ことば》2 夏《なつ》の夜《よる》 (2)

名前

(1) 次《つぎ》の夏《なつ》の言葉《ことば》の意味《いみ》が完成《かんせい》するように、（　）にあてはまる言葉《ことば》を□から選《えら》んで書《か》きましょう。

① 炎天《えんてん》
（ぎらぎら）と焼《や》けつくような真夏《まなつ》の空《そら》のこと。

きらきら ・ ぎらぎら

② 涼風《すずかぜ》
夏《なつ》の終《お》わりごろにふく、（すずしい）風《かぜ》のこと。

すずしい ・ あたたかい

③ 夏《なつ》おしむ
夏《なつ》が終《お》わってしまうことを（残念に）思《おも》う気持《きも》ちのこと。

うれしく ・ 残念《ざんねん》に

(2) 次《つぎ》の俳句《はいく》を読《よ》んで、答《こた》えましょう。

炎天《えんてん》に／すこし生《う》まれし／日《ひ》かげかな
高浜《たかはま》　虚子《きょし》

（令和二年度版　光村図書　国語五　銀河　「季節の言葉2　夏の夜」による）

① 五《ご》・七《しち》・五《ご》のリズムで読《よ》めるように、上《うえ》の俳句《はいく》を／線《せん》で区切《くぎ》りましょう。

② 少《すこ》し生《う》まれたのは、何《なん》だといっていますか。○をつけましょう。

（　）太陽《たいよう》の光《ひかり》
（○）日《ひ》かげ

47頁

本《ほん》は友達《ともだち》 作家《さっか》で広《ひろ》げるわたしたちの読書《どくしょ》

名前

教科書《きょうかしょ》の「作家《さっか》で広《ひろ》げるわたしたちの読書《どくしょ》」を読《よ》んで、答《こた》えましょう。

● 作家《さっか》（本《ほん》を書《か》いた人《ひと》）に着目《ちゃくもく》して読《よ》んだ本《ほん》を、友達《ともだち》としょうかいし合《あ》います。次《つぎ》のしょうかいカードの文章《ぶんしょう》を読《よ》んで、問題《もんだい》に答《こた》えましょう。

重松清《しげまつきよし》さんの本《ほん》

共感《きょうかん》したり，考《かんが》えさせられたりする本《ほん》がたくさんある。

「はじめての文学《ぶんがく》　重松《しげまつ》　清《きよし》」表紙《ひょうし》	「おじいちゃんの大切《たいせつ》な一日《いちにち》」表紙《ひょうし》
「はじめての文学《ぶんがく》　重松《しげまつ》　清《きよし》」 小学生《しょうがくせい》や中学生《ちゅうがくせい》が出《で》てくる短編集《たんぺんしゅう》です。登場人物《とうじょうじんぶつ》はみんな，どこかわたしたちに似《に》ています。特《とく》に，「カレーライス」がおすすめです。	「おじいちゃんの大切《たいせつ》な一日《いちにち》」 おじいちゃんが働《はたら》いているところを見《み》たことがありますか。どんな大人《おとな》になりたいか，ちょっと考《かんが》えてみたくなる物語《ものがたり》です。

（令和二年度版　光村図書　国語五　銀河　「作家で広げるわたしたちの読書」による）

(1) 何《なん》という作家《さっか》をしょうかいしているカードですか。

［重松清］

(2) 右《みぎ》のカードでは、何《なん》さつの本《ほん》をしょうかいしていますか。一《ひと》つに○をつけましょう。

（　）一《いっ》さつ
（○）二《に》さつ
（　）三《さん》さつ

(3) 右《みぎ》のカードには、しょうかいしている作家《さっか》の本《ほん》のみりょくを分《わ》かりやすく伝《つた》えるキャッチコピーが書《か》いてあります。カードの中《なか》から書《か》き出《だ》しましょう。

［共感したり、考えさせられたりする本がたくさんある。］

解答例

本書の解答は，あくまでもひとつの例です。児童に取り組ませる前に，必ず指導される方が問題を解いてください。指導される方の作られた解答をもとに，児童の多様な考えに寄り添って○つけをお願いします。

48頁

カレーライス (1)

名前

● 教科書《きょうかしょ》の「カレーライス」の全文《ぜんぶん》を読《よ》んだ後《あと》、次《つぎ》の文章《ぶんしょう》を二回《にかい》読《よ》んで、答《こた》えましょう。

1

〔六年生《ろくねんせい》のひろしは、ゲーム機《き》の電源《でんげん》をいきなり切《き》られたことをきっかけに、お父《とう》さんとけんかをして、三日《みっか》も仲直《なかなお》りができないでいる。〕

翌朝《よくあさ》、自分《じぶん》の部屋《へや》から
起《お》き出《だ》したぼくと
入《い》れかわるように、
お父《とう》さんは、
「悪《わる》いけど、先行《さきい》くからな。」
と、朝食《ちょうしょく》も食《た》べずに家《いえ》を出《で》て
いった。「お父《とう》さんウィーク」では、
よくあることだ。会社《かいしゃ》から早《はや》く
帰《かえ》ってくる分《ぶん》、朝《あさ》は㋐一番乗《いちばんの》り
して、ゆうべできなかった仕事《しごと》を
かたづけるのだ。

2

お母《かあ》さんはまだねている。これも、
㋑「お父《とう》さんウィーク」のいつもの
パターン。仕事《しごと》がいそがしい
一週間《いっしゅうかん》のうち、特《とく》にいそがしい
何日《なんにち》かは、家《いえ》に帰《かえ》るのが真夜中《まよなか》の
二時《にじ》や三時《さんじ》になる。その代《か》わり、
次《つぎ》の日《ひ》はふだんより少《すこ》しだけ
ゆっくり出勤《しゅっきん》すればいいのだという。

（令和二年度版　光村図書　国語五　銀河　重松《しげまつ》　清《きよし》）

1

(1) 朝食《ちょうしょく》も食《た》べずに家《いえ》を出《で》ていったのは、だれですか。

〔お父さん〕

(2) ㋐一番乗《いちばんの》りとは、どんな意味《いみ》ですか。○をつけましょう。

(○) いちばん先《さき》に着《つ》くこと。

(　) いちばんに出発《しゅっぱつ》すること。

(3) 会社《かいしゃ》に一番乗《いちばんの》りしたお父《とう》さんは、どんな仕事《しごと》をしますか。文中《ぶんちゅう》の言葉《ことば》で書《か》きましょう。

〔ゆうべできなかった仕事〕

2

(1) どんなことが、㋑「お父《とう》さんウィーク」のいつものパターンなのですか。

お母《かあ》さんがまだ〔ねている〕こと。

(2) お母《かあ》さんは、仕事《しごと》が特《とく》にいそがしいとき、家《いえ》に帰《かえ》るのが何時《なんじ》になりますか。

〔真夜中の二時や三時〕

49頁

カレーライス (2)

名前

● 次《つぎ》の文章《ぶんしょう》を二回《にかい》読《よ》んで、答《こた》えましょう。

1

〔朝《あさ》、起《お》きてきたひろしと入《い》れかわるように、お父《とう》さんは、朝食《ちょうしょく》も食《た》べずに仕事《しごと》に出《で》かけた。〕

食卓《しょくたく》には、目玉焼《めだまや》きと
野菜《やさい》いためのお皿《さら》が出《で》ていた。
黄身《きみ》がくずれているから、
お父《とう》さんが作《つく》って
くれたのだろう。
朝《あさ》は時間《じかん》がないんだから、
おかずなんか作《つく》らなくても
いいのに。目玉焼《めだまや》きぐらい、
ぼくはもう作《つく》れるのに。

2

でも、お父《とう》さんは、
「火《ひ》を使《つか》うのはあぶないから。」
と、オーブントースターと
電子《でんし》レンジしか使《つか》わせてくれない。
それがいつもくやしくて、でも、
お父《とう》さんがねむい目《め》をこすりながら、
ぼくのために目玉焼《めだまや》きを作《つく》って
くれたんだと思《おも》うとうれしくて、
でもやっぱりくやしくて、そうは
いってもうれしくて――。
「いってらっしゃい。」を言《い》わな
かったから、㋐急《きゅう》に悲《かな》しくなってきた。

（令和二年度版　光村図書　国語五　銀河　重松《しげまつ》　清《きよし》）

1 の文章《ぶんしょう》を読《よ》んで答《こた》えましょう。

食卓《しょくたく》の目玉焼《めだまや》きは、お父《とう》さんが作《つく》ってくれたとひろしが考《かんが》えたのは、なぜですか。

〔(目玉焼きの) 黄身がくずれているから。〕

2 の文章《ぶんしょう》を読《よ》んで答《こた》えましょう。

(1) ひろしがくやしいのは、どんなことですか。

〔火を使うのはあぶない(から)〕という理由《りゆう》で、オーブントースターと電子《でんし》レンジしか使《つか》わせてくれないこと。

(2) ひろしは、どんなことを思《おも》って、うれしくなっていますか。

お父《とう》さんがねむい目《め》をこすりながら、〔ぼくのために〕目玉焼《めだまや》きを作《つく》ってくれたということ。

(3) ひろしが㋐急《きゅう》に悲《かな》しくなってきたのは、なぜですか。

お父《とう》さんに〔「いってらっしゃい。」を言わなかったから。〕

50頁

カレーライス (3)

名前

● 次《つぎ》の文章《ぶんしょう》を二回《にかい》読《よ》んで、答《こた》えましょう。

1

〔ひろしは、けんかをしたお父《とう》さんに、まだ一言《ひとこと》も口《くち》をきいていない。〕

朝食《ちょうしょく》を終《お》えて自分《じぶん》の部屋《へや》に
もどったら、ランドセルの下《した》に
手紙《てがみ》が置《お》いてあった。
「お父《とう》さんとまだ口《くち》をきいて
ないの。お父《とう》さん、さびしがって
いましたよ。」
絵《え》の得意《とくい》なお母《かあ》さんは、
しょんぼりするお父《とう》さんの
似顔絵《にがおえ》を手紙《てがみ》にそえていた。

2

学校《がっこう》にいる間《あいだ》、何度《なんど》も心《こころ》の中《なか》で
練習《れんしゅう》した。
お父《とう》さん、この前《まえ》は
ごめんなさい――。
言《い》える言《い》える、だいじょうぶ
だいじょうぶ、と自分《じぶん》を
元気《げんき》づけた。
「うげえっ、そんなの言《い》うのって
かっこ悪《わる》いよ。」と自分《じぶん》を冷《ひ》やかす
自分《じぶん》も、むねのおくのどこかに
いるんだけど。

（令和二年度版　光村図書　国語五　銀河　重松《しげまつ》　清《きよし》）

1

(1) 手紙《てがみ》は、どこに置《お》いてありましたか。

〔ランドセルの下〕

(2) 手紙《てがみ》は、だれがかいたものでしたか。

〔お母さん〕

(3) 手紙《てがみ》には、言葉《ことば》のほかに、何《なに》がそえられていましたか。

〔(しょんぼりする) お父さんの似顔絵〕

2

(1) 学校《がっこう》にいる間《あいだ》、ひろしが何度《なんど》も心《こころ》の中《なか》で練習《れんしゅう》したのは、どんな言葉《ことば》でしたか。

〔お父さん、この前はごめんなさい。〕

(2) むねのおくのどこかにいるのは、どんな自分《じぶん》でしたか。

「ごめんなさい。」と言《い》うのは、〔かっこ悪い(よ)〕と自分《じぶん》を〔冷やかす〕自分《じぶん》。

51頁

カレーライス (4)

名前

● 次《つぎ》の文章《ぶんしょう》を二回《にかい》読《よ》んで、答《こた》えましょう。

1

〔ひろしは、学校《がっこう》にいる間《あいだ》、何度《なんど》も心《こころ》の中《なか》でお父《とう》さんに「ごめんなさい」と言《い》う練習《れんしゅう》をした。〕

夕方《ゆうがた》、家《いえ》に帰《かえ》ると、
お父《とう》さんがいた。
「かぜ、ひいちゃったよ。
熱《ねつ》があるから、会社《かいしゃ》を早退《そうたい》して、
さっき帰《かえ》ってきたんだ。」
パジャマすがたで居間《いま》に出《で》て
きたお父《とう》さんは、本当《ほんとう》に具合《ぐあい》が
悪《わる》そうだった。声《こえ》はしわがれて、
せきも出《で》ている。

2

「晩《ばん》ご飯《はん》、今夜《こんや》は弁当《べんとう》だな。」
お父《とう》さんがそう言《い》ったとき、
思《おも》わず、ぼくは答《こた》えていた。
「何《なに》か作《つく》るよ。ぼく、作《つく》れるから。」
「えっ。」
「だいじょうぶ、作《つく》れるもん。」
お父《とう》さんは、㋐きょとんとして
いた。でも、いちばんおどろいて
いるのは、ぼく自身《じしん》だ。
「家《いえ》で作《つく》ったご飯《はん》のほうが栄養《えいよう》
あるから、かぜも治《なお》るから。」
なんて、全然《ぜんぜん》言《い》うつもりじゃ
なかったのに。

（令和二年度版　光村図書　国語五　銀河　重松《しげまつ》　清《きよし》）

1

(1) お父《とう》さんが会社《かいしゃ》を早退《そうたい》して帰《かえ》ってきていたのは、なぜですか。

〔かぜ〕をひいて〔熱〕があるから。

(2) 具合《ぐあい》が悪《わる》そうなお父《とう》さんの様子《ようす》が分《わ》かる一文《いちぶん》を書《か》き出《だ》しましょう。

〔声はしわがれて、せきも出ている。〕

2

(1) 「晩《ばん》ご飯《はん》、今夜《こんや》は弁当《べんとう》だな。」とお父《とう》さんが言《い》ったとき、ぼく(ひろし)は何《なん》と答《こた》えましたか。

〔「何か作るよ。ぼく、作れるから。」〕

(2) ㋐きょとんとしてとは、どんな意味《いみ》ですか。○をつけましょう。

(○) おどろいて

(　) よろこんで

(3) ぼく(ひろし)の言葉《ことば》にいちばんおどろいているのは、だれでしたか。

〔ぼく(ひろし)自身〕

52頁　カレーライス (5)

名前

● 教科書《きょうかしょ》の「カレーライス」の全文《ぜんぶん》を読《よ》んだ後《あと》、次《つぎ》の文章《ぶんしょう》を二回《にかい》読《よ》んで、答《こた》えましょう。

1

［ひろしは、かぜで会社《かいしゃ》から早《はや》く帰《かえ》ってきたお父《とう》さんとカレーを作《つく》ることにした。］

お父《とう》さんは笑《わら》って、台所《だいどころ》の戸《と》だなを開《あ》けた。

「㋐おととい買《か》ってきたルウが残《のこ》ってるから、それ使《つか》えよ。」

戸《と》だなから取《と》り出《だ》したのは――甘口《あまくち》。お子《こ》さま向《む》けの、うんとあまいやつ。お母《かあ》さんが、「ひろしはこっちね。」と、ぼくの分《ぶん》だけ別《べつ》のなべでカレーを作《つく》っていた低学年《ていがくねん》のころは、ルウはいつもこれだった。

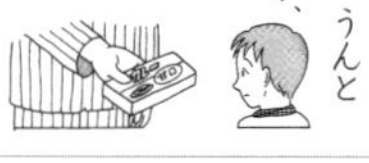

2

「だめだよ、こんなのじゃ。」

㋑ぼくは戸《と》だなの別《べつ》の場所《ばしょ》から、お母《かあ》さんが買《か》い置《お》きしているルウを出《だ》した。

「だって、ひろし、それ『中辛《ちゅうから》』だぞ。からいんだぞ、口《くち》の中《なか》ひいひいしちゃうぞ。」

（令和二年度版　光村図書　国語五　銀河　重松《しげまつ》　清《きよし》）

1

(1) ㋐おととい買《か》ってきたルウは、どんな味《あじ》でしたか。○をつけましょう。

（○）甘口《あまくち》　（　）中辛《ちゅうから》

(2) 甘口《あまくち》のルウのことを、ひろしはどんなふうに表現《ひょうげん》していますか。

お子さま 向《む》けの うんとあまい やつ。

(3) お母《かあ》さんが、別《べつ》のなべでひろしに甘口《あまくち》のカレーを作《つく》っていたのは、いつでしたか。

ひろしが 低学年 のころ。

2

(1) ㋑お母《かあ》さんが買《か》い置《お》きしているルウは、どんな味《あじ》でしたか。

（　）甘口《あまくち》　（○）中辛《ちゅうから》

(2) お父《とう》さんは、「中辛《ちゅうから》」のルウのからさを、ひろしにどんなふうに説明《せつめい》しましたか。

口《くち》の中《なか》 ひいひいしちゃう ぞ。

53頁　カレーライス (6)

名前

● 次《つぎ》の文章《ぶんしょう》を二回《にかい》読《よ》んで、答《こた》えましょう。

1

［ひろしが、戸《と》だなから中辛《ちゅうから》のルウを出《だ》すと、お父《とう》さんは「それは『中辛《ちゅうから》』だぞ。口《くち》の中《なか》ひいひいしちゃうぞ。」と言《い》った。］

「何《なに》言《い》ってんの、お母《かあ》さんと二人《ふたり》のときは、いつもこれだよ。」

お父《とう》さんは、またきょとんとした顔《かお》になった。

「おまえ、もう『中辛《ちゅうから》』なのか。」

意外《いがい》そうに、半信半疑《はんしんはんぎ》できいてくる。

ああ、もう、これだよ。お父《とう》さんって、なあんにも分《わ》かってないんだから。

㋐あきれた。うんざりした。

※半信半疑《はんしんはんぎ》…半分《はんぶん》は信《しん》じ、半分《はんぶん》はうたがうこと。

2

でも、

「そうかあ、ひろしも『中辛《ちゅうから》』なのかあ、そうかそうか。」

と、うれしそうに何度《なんど》もうなずくお父《とう》さんを見《み》ていると、㋑なんだかこっちまでうれしくなってきた。

（令和二年度版　光村図書　国語五　銀河　重松《しげまつ》　清《きよし》）

1

(1) お母《かあ》さんと二人《ふたり》のとき、ひろしはどんな味《あじ》のルウを食《た》べていますか。○をつけましょう。

（　）甘口《あまくち》　（○）中辛《ちゅうから》

(2) お父《とう》さんが意外《いがい》に思《おも》って、半信《はんしん》半疑《はんぎ》だったのは、どんなことですか。○をつけましょう。

（○）ひろしが、もう「中辛《ちゅうから》」のカレーを食《た》べていること。

（　）ひろしが、お母《かあ》さんといつも二人《ふたり》でカレーを作《つく》っていること。

(3) ひろしが、㋐あきれた。うんざりした。のは、なぜですか。

(例)

お父《とう》さんが なにも分かってないから。

2

ひろしは、何《なに》を見《み》て、㋑なんだかこっちまでうれしくなってきたのですか。文中《ぶんちゅう》の言葉《ことば》で書《か》きましょう。

（「そうかあ、ひろしも『中辛』なのかあ、そうかそうか。」と、）うれしそうに何度も うなずくお父さん

54頁　カレーライス (7)

名前

● 次《つぎ》の文章《ぶんしょう》を二回《にかい》読《よ》んで、答《こた》えましょう。

1

［「もう『中辛《ちゅうから》』なのかあ。」と、お父《とう》さんがうれしそうに何度《なんど》もうなずくのを見《み》て、ひろしもなんだかうれしくなってきた。］

二人《ふたり》で作《つく》ったカレーライスができあがった。野菜担当《やさいたんとう》のお父《とう》さんが切《き》ったじゃがいもやにんじんは、やっぱり不格好《ぶかっこう》だったけど、しんが残《のこ》らないようにしっかりにこんだ。台所《だいどころ》にカレーの香《かお》りがぷうんとただよう。カレーはこうでなくっちゃ。

2

お父《とう》さんは、ずっとごきげんだった。

「いやあ、㋐まいったなあ。ひろしももう『中辛《ちゅうから》』だったんだなあ。そうだよなあ、来年《らいねん》から中学生《ちゅうがくせい》なんだもんなあ。」

と、一人《ひとり》でしゃべって、

「かぜも治《なお》っちゃったよ。」

と笑《わら》って、思《おも》いっ切《き》り大《おお》もりにご飯《はん》をよそった。

（令和二年度版　光村図書　国語五　銀河　重松《しげまつ》　清《きよし》）

1

(1) お父《とう》さんが切《き》った野菜《やさい》は、できあがったカレーライスの中《なか》でどんなふうでしたか。○をつけましょう。

（○）形《かたち》がよくなかった。

（　）しんが残《のこ》って、かたかった。

(2) 台所《だいどころ》にただようカレーの香《かお》りをかいで、ひろしはどう思《おも》いましたか。文中《ぶんちゅう》から一文《いちぶん》を書《か》き出《だ》しましょう。

カレーはこうでなくっちゃ。

2

(1) お父《とう》さんは、ずっとどんな様子《ようす》でしたか。文中《ぶんちゅう》の言葉《ことば》四文字《よんもじ》で書《か》きましょう。

ごきげん

(2) ㋐まいったなあ。と言《い》っているお父《とう》さんの気持《きも》ちに合《あ》うものに○をつけましょう。

（　）ひろしが以前《いぜん》とちがって「中辛《ちゅうから》」を食《た》べることを悲《かな》しんでいる。

（○）いつのまにか「中辛《ちゅうから》」を食《た》べるようになっていた、ひろしの成長《せいちょう》をよろこんでいる。

55頁　カレーライス (8)

名前

● 次《つぎ》の文章《ぶんしょう》を二回《にかい》読《よ》んで、答《こた》えましょう。

1

［ひろしとお父《とう》さんの二人《ふたり》で作《つく》ったカレーライスができあがった。お父《とう》さんは、ずっとごきげんだった。］

食卓《しょくたく》に向《む》き合《あ》ってすわった。

「ごめんなさい。」は言《い》えなかったけど、お父《とう》さんはごきげんだし、「今度《こんど》は別《べつ》の料理《りょうり》も二人《ふたり》で作《つく》ろうか。」と約束《やくそく》したし、㋐残《のこ》り半分《はんぶん》になった今月《こんげつ》の「お父《とう》さんウィーク」は、いつもよりちょっと楽《たの》しく過《す》ごせそうだ。

2

「じゃあ、いただきまあす。」

口《くち》を大《おお》きく開《あ》けてカレーをほお張《ば》った。

㋑ぼくたちの特製《とくせい》カレーは、ぴりっとからくて、でも、ほんのりあまかった。

※ほお張《ば》った…ほおがふくらむほど、口《くち》いっぱいに食《た》べ物《もの》をつめこんだ。

（令和二年度版　光村図書　国語五　銀河　重松《しげまつ》　清《きよし》）

1

(1) ㋐残《のこ》り半分《はんぶん》になった今月《こんげつ》の「お父《とう》さんウィーク」は、どんなふうに過《す》ごせそうだとひろしは思《おも》っていますか。

いつもより ちょっと楽しく 過《す》ごせそうだ。

(2) (1)のようにひろしが思《おも》ったのは、どんなよいことがあったからですか。二《ふた》つ選《えら》んで○をつけましょう。

（　）「ごめんなさい。」が言《い》えたこと。

（○）お父《とう》さんがごきげんなこと。

（○）お父《とう》さんと、今度《こんど》は別《べつ》の料理《りょうり》を二人《ふたり》で作《つく》る約束《やくそく》をしたこと。

2

(1) ㋑ぼくたちとは、だれとだれですか。一《ひと》つに○をつけましょう。

（○）ひろしとお父《とう》さん

（　）ひろしとお母《かあ》さん

（　）ひろしとお父《とう》さんとお母《かあ》さん

(2) ぼくたちの特製《とくせい》カレーは、どんな味《あじ》がしましたか。文中《ぶんちゅう》の言葉《ことば》で書《か》きましょう。

ぴりっとからくて、でも、ほんのりあまかった。

解答例

本書の解答は，あくまでもひとつの例です。児童に取り組ませる前に，必ず指導される方が問題を解いてください。指導される方の作られた解答をもとに，児童の多様な考えに寄り添って○つけをお願いします。

56頁　からたちの花《はな》

名前

● 次《つぎ》の詩《し》を二回《にかい》読《よ》んで、答《こた》えましょう。

からたちの花《はな》
北原《きたはら》　白秋《はくしゅう》

一連《いちれん》
からたちの花《はな》が咲《さ》いたよ。
白《しろ》い白《しろ》い花《はな》が咲《さ》いたよ。

二連《にれん》
からたちのとげはいたいよ。
青《あお》い青《あお》い針《はり》のとげだよ。

三連《さんれん》
からたちは畑《はた》の垣根《かきね》よ。
いつもいつもとおる道《みち》だよ。

四連《よんれん》
からたちも秋《あき》はみのるよ。
まろいまろい金《きん》のたまだよ。

五連《ごれん》
からたちのそばで泣《な》いたよ。
みんなみんなやさしかったよ。

六連《ろくれん》
からたちの花《はな》が咲《さ》いたよ。
白《しろ》い白《しろ》い花《はな》が咲《さ》いたよ。

※まろい…「まるい」の古《ふる》い言《い》い方《かた》。

（令和二年度版　光村図書　国語五　銀河　北原　白秋）

(1) この詩《し》は、二行《にぎょう》ずつ六連《ろくれん》でできています。同《おな》じ文《ぶん》になっているのは、第何連《だいなんれん》と第何連《だいなんれん》ですか。

第《だい》 **一** 連《れん》と　第《だい》 **六** 連《れん》。

(2) すべての連《れん》の最初《さいしょ》の言葉《ことば》は、どんな言葉《ことば》で始《はじ》まっていますか。共通《きょうつう》する言葉《ことば》を四文字《よんもじ》で書《か》きましょう。

からたち

(3) すべての行《ぎょう》の最後《さいご》は、同《おな》じ字《じ》になっています。共通《きょうつう》する一文字《いちもじ》を書《か》きましょう。

よ

(4) 「からたち」の何《なに》について書《か》かれていますか。三《みっ》つに○をつけましょう。

(○) 花《はな》　(○) とげ
(　) 葉《は》っぱ　(○) 実《み》

(5) 詩《し》の中《なか》から、作者《さくしゃ》の思《おも》い出《で》を書《か》いている一連《いちれん》を書《か》き出《だ》しましょう。

からたちのそばで泣いたよ。みんなみんなやさしかったよ。

57頁　どちらを選《えら》びますか

名前

教科書《きょうかしょ》の「どちらを選《えら》びますか」を読《よ》んで、答《こた》えましょう。

● 校長先生《こうちょうせんせい》は、犬《いぬ》とねこのどちらを飼《か》うかまよっています。校長先生《こうちょうせんせい》に犬《いぬ》とねこをそれぞれの立場《たちば》からすすめます。犬《いぬ》をすすめるチームとねこをすすめるチームに分《わ》かれて質疑応答《しつぎおうとう》をしました。次《つぎ》の質疑応答《しつぎおうとう》の一部《いちぶ》の文章《ぶんしょう》を読《よ》んで、問題《もんだい》に答《こた》えましょう。

（※質疑応答《しつぎおうとう》…質問《しつもん》したり答《こた》えたりすること。）

犬《いぬ》　わたしたちは、犬《いぬ》がいいと思《おも》います。理由《りゆう》は三《みっ》つです。一《ひと》つ目《め》は、毎日《まいにち》いっしょに散歩《さんぽ》に行《い》けること。二《ふた》つ目《め》は、飼《か》い主《ぬし》になついて家族《かぞく》のようになれること。三《みっ》つ目《め》は、いろんな芸《げい》をおぼえることです。

司会《しかい》　何《なに》か質問《しつもん》はありますか。

ねこ　犬《いぬ》チームに質問《しつもん》です。犬《いぬ》は、毎日《まいにち》いっしょに散歩《さんぽ》に行《い》けると言《い》いましたが、毎日散歩《まいにちさんぽ》に行《い》くのは大変《たいへん》ではないですか。ねこは散歩《さんぽ》がいらないから楽《らく》ちんです。

犬《いぬ》　そうかもしれませんが、毎日《まいにち》の散歩《さんぽ》が飼《か》い主《ぬし》にとっても、いい気分《きぶん》てんかんにもなるし、校長先生《こうちょうせんせい》には、軽《かる》い運動《うんどう》にもなって健康的《けんこうてき》です。

ねこ　確《たし》かに、そう言《い》われるとそんな気《き》がします。

(1) ねこチームは、犬《いぬ》チームの挙《あ》げた理由《りゆう》のうち、どのことについて質問《しつもん》していますか。

毎日いっしょに散歩に行けること。

(2) ねこチームは、犬《いぬ》チームに対《たい》して何《なん》と質問《しつもん》しましたか。文中《ぶんちゅう》から書《か》き出《だ》しましょう。

毎日散歩に行くのは大変ではないですか。

(3) 犬《いぬ》チームは、ねこチームの質問《しつもん》に対《たい》して、どんな意見《いけん》で答《こた》えましたか。二《ふた》つ選《えら》んで○をつけましょう。

(　) 犬《いぬ》のためには大変《たいへん》でも仕方《しかた》がない。
(○) 飼《か》い主《ぬし》にもいい気分《きぶん》てんかんになる。
(○) 校長先生《こうちょうせんせい》の健康《けんこう》にもよい。

(4) ねこチームは、犬《いぬ》チームの答《こた》えをどう思《おも》いましたか。○をつけましょう。

(○) 説得力《せっとくりょく》があった。
(　) 説得力《せっとくりょく》がなかった。

58頁　新聞《しんぶん》を読《よ》もう

名前

教科書《きょうかしょ》の「新聞《しんぶん》を読《よ》もう」を読《よ》んで、答《こた》えましょう。

(1) 新聞《しんぶん》の一面《いちめん》には、次《つぎ》の①～③のような部分《ぶぶん》があります。それぞれの言葉《ことば》の説明《せつめい》にあてはまるものを□から選《えら》んで、記号《きごう》で答《こた》えましょう。

① 見出《みだ》し　**イ**
② リード文《ぶん》　**ウ**
③ 本文《ほんぶん》　**ア**

㋐ 出来事《できごと》のくわしい内容《ないよう》。解説《かいせつ》が加《くわ》わることもある。
㋑ 記事《きじ》の題《だい》に当《あ》たる。短《みじか》い言葉《ことば》で、内容《ないよう》がひと目《め》で分《わ》かるように書《か》かれている。
㋒ 記事《きじ》の内容《ないよう》を短《みじか》くまとめたもの。長《なが》い記事《きじ》のとき、本文《ほんぶん》の前《まえ》に付《つ》けられる。

(2) 新聞《しんぶん》のページは、「面《めん》」とよばれます。次《つぎ》の記事《きじ》は、新聞《しんぶん》のどの面《めん》に書《か》かれていますか。□から選《えら》んで、記号《きごう》で答《こた》えましょう。

① プロ野球《やきゅう》の試合《しあい》の結果《けっか》について書《か》かれた記事《きじ》。　**イ**
② 交通事故《こうつうじこ》の数《かず》の変化《へんか》について書《か》かれた記事《きじ》。　**ア**

㋐ 社会面《しゃかいめん》　㋑ スポーツ面《めん》

59頁　敬語《けいご》 (1)

名前

教科書《きょうかしょ》の「敬語《けいご》」を読《よ》んで、答《こた》えましょう。

(1) 敬語《けいご》には、次《つぎ》の三種類《さんしゅるい》があります。どのようなときに使《つか》うとよいのかを、□から選《えら》んで、記号《きごう》で答《こた》えましょう。

① ていねい語《ご》　**イ**
② 尊敬語《そんけいご》　**ウ**
③ けんじょう語《ご》　**ア**

㋐ 自分《じぶん》や身内《みうち》の者《もの》の動作《どうさ》をけんそんして言《い》うことで、その動作《どうさ》を受《う》ける人《ひと》への敬意《けいい》を表《あらわ》すとき。
㋑ 相手《あいて》（聞《き》き手《て》や読《よ》み手《て》）に対《たい》して、ていねいな言葉《ことば》で敬意《けいい》を表《あらわ》すとき。
㋒ 相手《あいて》や話題《わだい》になっている人《ひと》をうやまう気持《きも》ちを表《あらわ》すとき。

(2) 次《つぎ》の――線《せん》の敬語《けいご》の種類《しゅるい》を□から選《えら》んで、記号《きごう》で答《こた》えましょう。

① 駅《えき》には、あと五分《ごふん》で着《つ》きます。　**ア**
② おばさんからおみやげをいただきました。　**ウ**
③ 校長先生《こうちょうせんせい》が大事《だいじ》なことをおっしゃいました。　**イ**

㋐ ていねい語《ご》　㋑ 尊敬語《そんけいご》　㋒ けんじょう語《ご》

①の「ます」は、ていねいな言葉《ことば》で、②の「いただく」は、自分《じぶん》のことをけんそんして言《い》う言葉《ことば》だね。③の「おっしゃる」は、校長先生《こうちょうせんせい》をうやまう気持《きも》ちを表《あらわ》しているよ。

本書の解答は，あくまでもひとつの例です。児童に取り組ませる前に，必ず指導される方が問題を解いてください。指導される方の作られた解答をもとに，児童の多様な考えに寄り添って○つけをお願いします。

解答例

60頁

敬語《けいご》(2)（ていねい語《ご》）

名前

相手《あいて》（聞《き》き手《て》や読《よ》み手《て》）に対《たい》して、「です」「ます」や、「ございます」などの言葉《ことば》を使《つか》っていねいな言葉《ことば》で敬意《けいい》を表《あらわ》します。このような言葉《ことば》を「ていねい語《ご》」と言《い》います。

(1) 文中《ぶんちゅう》の――線《せん》の言葉《ことば》を、ていねいな言《い》い方《かた》（ていねい語《ご》）に書《か》き直《なお》しましょう。

① ぼくがおすすめしたい本《ほん》は、二《に》さつある。 **あります**

② 山本《やまもと》さんの意見《いけん》に、さんせいだ。 **です**

③ 週末《しゅうまつ》に、動物園《どうぶつえん》に行《い》く。 **行きます**

④ さあ、みんなで音読《おんどく》しよう。 **しましょう**

⑤ ありがとう。 **ありがとうございます**

(2) 言葉《ことば》の上《うえ》に「お」をつけると、ていねいな言《い》い方《かた》（ていねい語《ご》）になります。次《つぎ》の言葉《ことば》を、ていねい語《ご》に書《か》き直《なお》しましょう。

① 金《かね》 **お金**

② 茶《ちゃ》 **お茶**

③ 湯《ゆ》 **お湯**

60

61頁

敬語《けいご》(3)（尊敬語《そんけいご》）

名前

相手《あいて》や話題《わだい》になっている人《ひと》をうやまう気持《きも》ちを表《あらわ》すときの言《い》い方《かた》を「尊敬語《そんけいご》」といいます。「尊敬語《そんけいご》」には、次《つぎ》の四《よっ》つの種類《しゅるい》があります。

① 特別《とくべつ》な言葉《ことば》を使《つか》った言《い》い方《かた》。 〈例《れい》〉いらっしゃる（いる・来《く》る・行《い》く）、おっしゃる（言《い》う）、くださる（くれる）など。

② 「お（ご）―になる」という言《い》い方《かた》。 〈例《れい》〉校長先生《こうちょうせんせい》がお話《はな》しになる。

③ 言葉《ことば》のあとに「れる（られる）」をつける。 〈例《れい》〉先生《せんせい》は、今《いま》、帰《かえ》られた。

④ 言葉《ことば》の初《はじ》めに「お」「ご」とつける。 〈例《れい》〉ご卒業《そつぎょう》おめでとうございます。

● 文中《ぶんちゅう》の――線《せん》の言葉《ことば》を、「いらっしゃる」などの尊敬語《そんけいご》の特別《とくべつ》な言葉《ことば》に書《か》き直《なお》しましょう。

① 校長先生《こうちょうせんせい》が、校長室《こうちょうしつ》にいる。 **いらっしゃる**

② 校長先生《こうちょうせんせい》が、昨日《きのう》のことを言《い》う。 **おっしゃる**

③ お客様《きゃくさま》が、おかしをくれる。 **くださる**

④ お客様《きゃくさま》が、家《いえ》に来《き》た。 **いらっしゃった**

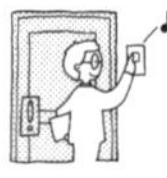

⑤ 先生《せんせい》は、音楽室《おんがくしつ》へ行《い》った。 **いらっしゃった**

⑥ 先生《せんせい》が、本《ほん》をくれた。 **くださった**

61

62頁

敬語《けいご》(4)（尊敬語《そんけいご》）

名前

(1) 文中《ぶんちゅう》の――線《せん》の言葉《ことば》を、「お（ご）――する」という言《い》い方《かた》の尊敬語《そんけいご》に書《か》き直《なお》しましょう。

① 先生《せんせい》が、新聞《しんぶん》を読《よ》む。 **お読みになる**

② 先生《せんせい》が、教室《きょうしつ》で話《はな》す。 **お話しになる**

③ 先生《せんせい》が、図《ず》をかいた。 **おかきになった**

(2) 文中《ぶんちゅう》の――線《せん》の言葉《ことば》を、「――れる（られる）」という言《い》い方《かた》の尊敬語《そんけいご》に書《か》き直《なお》しましょう。

① お客様《きゃくさま》は、今《いま》、帰《かえ》る。 **帰られる**

② 校長先生《こうちょうせんせい》が、話《はな》す。 **話される**

③ 先生《せんせい》が、教室《きょうしつ》に来《き》た。 **来られた**

(3) 物事《ものごと》を表《あらわ》す言葉《ことば》に「お」や「ご」をつけると、尊敬語《そんけいご》になります。次《つぎ》の言葉《ことば》を、尊敬語《そんけいご》に書《か》き直《なお》しましょう。

① 留守《るす》 **お留守**

② 元気《げんき》 **お元気**

③ 卒業《そつぎょう》 **ご卒業**

④ 入学《にゅうがく》 **ご入学**

62

63頁

敬語《けいご》(5)（けんじょう語《ご》）

名前

自分《じぶん》や身内《みうち》（家族《かぞく》など）のすることをけんそんして言《い》うことで、相手《あいて》をうやまう気持《きも》ちを表《あらわ》す言《い》い方《かた》を「けんじょう語《ご》」といいます。「けんじょう語《ご》」には、次《つぎ》の二《ふた》つの種類《しゅるい》があります。

① 特別《とくべつ》な言葉《ことば》を使《つか》った言《い》い方《かた》。 〈例《れい》〉うかがう（行《い》く・たずねる・聞《き》く）、いただく（食《た》べる・もらう）など。

② 「お（ご）―する」という言《い》い方《かた》。 〈例《れい》〉お客様《きゃくさま》を、お見送《みおく》りする。

(1) 文中《ぶんちゅう》の――線《せん》の言葉《ことば》を、「うかがう」などの、けんじょう語《ご》の特別《とくべつ》な言葉《ことば》に書《か》き直《なお》しましょう。

① 私《わたし》は、これから校長室《こうちょうしつ》に行《い》く。 **うかがう**

② お客様《きゃくさま》からおみやげをもらう。 **いただく**

③ 母《はは》は、先生《せんせい》のお話《はなし》を聞《き》いた。 **うかがった**

(2) 文中《ぶんちゅう》の――線《せん》の言葉《ことば》を、「お（ご）――する」という言《い》い方《かた》のけんじょう語《ご》に書《か》き直《なお》しましょう。

① 駅《えき》までの道《みち》をたずねる。 **おたずねする**

② お客様《きゃくさま》の荷物《にもつ》を持《も》つ。 **お持ちする**

③ 下校中《げこうちゅう》、先生《せんせい》に会《あ》った。 **お会いした**

63

解答例

本書の解答は，あくまでもひとつの例です。児童に取り組ませる前に，必ず指導される方が問題を解いてください。指導される方の作られた解答をもとに，児童の多様な考えに寄り添って○つけをお願いします。

64頁

敬語《けいご》(6)（尊敬語《そんけいご》／けんじょう語《ご》 ― 特別《とくべつ》な言葉《ことば》）

名前

(1) 次《つぎ》の――線《せん》の言葉《ことば》の尊敬語《そんけいご》を□から選《えら》んで書《か》きましょう。

① 先生《せんせい》が絵画《かいが》を見《み》る。
ごらんになる

② 先生《せんせい》が家《いえ》に来《く》る。
おいでになる

③ 先生《せんせい》がご飯《はん》を食《た》べる。
めし上がる

おいでになる ・ めし上《あ》がる ・ ごらんになる

(2) 次《つぎ》の――線《せん》の言葉《ことば》のけんじょう語《ご》を□から選《えら》んで書《か》きましょう。

① 手作《てづく》りのおかしを食《た》べる。
いただく

② 駅《えき》で先生《せんせい》に会《あ》う。
お目にかかる

③ 先生《せんせい》に花《はな》をあげる。
差し上げる

④ 母《はは》が、先生《せんせい》にお礼《れい》を言《い》う。
申し上げる

差《さ》し上《あ》げる ・ お目《め》にかかる ・ 申《もう》し上《あ》げる ・ いただく

65頁

敬語《けいご》(7)

名前

(1) 次《つぎ》の――線《せん》の言葉《ことば》を、〈 〉に示《しめ》した敬語《けいご》に直《なお》すとき、あてはまるほうに○をつけましょう。

① いっしょに帰《かえ》ろう。〈ていねい語《ご》〉
（　）帰《かえ》ります
（○）帰《かえ》りましょう

② 先生《せんせい》がおかしを食《た》べる。〈尊敬語《そんけいご》〉
（○）めし上《あ》がる
（　）いただく

③ 先生《せんせい》の話《はなし》を聞《き》く。〈けんじょう語《ご》〉
（　）お聞《き》きになる
（○）うかがう

(2) 次《つぎ》の――線《せん》の言葉《ことば》を、〈 〉に示《しめ》した敬語《けいご》に書《か》き直《なお》しましょう。

① もうすぐ、先生《せんせい》が来《き》ます。〈尊敬語《そんけいご》〉
(例) いらっしゃいます

② 今《いま》すぐそちらに行《い》きます。〈けんじょう語《ご》〉
(例) うかがいます

③ 先生《せんせい》が大切《たいせつ》なことを言《い》った。〈尊敬語《そんけいご》〉
(例) おっしゃった

④ ご卒業《そつぎょう》おめでとう。〈ていねい語《ご》〉
おめでとうございます

66頁

たずねびと (1)

名前

● 教科書《きょうかしょ》の「たずねびと」の全文《ぜんぶん》を読《よ》んだ後《あと》、次《つぎ》の文章《ぶんしょう》を二回《にかい》読《よ》んで、答《こた》えましょう。

1

［綾《あや》は、兄《あに》と二人《ふたり》だけで広島《ひろしま》に向《む》かった。路面電車《ろめんでんしゃ》を橋《はし》の手前《てまえ》で下《お》りると、すぐ目《め》の前《まえ》に原爆《げんばく》ドームがあった。］

㋐秋《あき》の空《そら》は高《たか》く青《あお》くすんで、ゆったり流《なが》れる川《かわ》にも空《そら》の色《いろ》がうつっていた。ほね組《ぐ》みがむきだしのドームがその場《ば》にあるのが不思議《ふしぎ》なくらい、明《あか》るくて晴《は》れ晴《ば》れとした景色《けしき》だった。

――㋑ここが爆心地《ばくしんち》なのか。ここで本当《ほんとう》にたくさんの人《ひと》が死《し》んだの――。

※原爆《げんばく》ドーム…原子爆弾《げんしばくだん》の被害《ひがい》を今《いま》に伝《つた》えている。世界遺産《せかいいさん》。

※爆心地《ばくしんち》…爆発《ばくはつ》の中心地《ちゅうしんち》。原爆《げんばく》が爆発《ばくはつ》したところ。

2

お兄《にい》ちゃんも、独《ひと》り言《ごと》みたいにつぶやいた。

「㋒信《しん》じられないよな。水面《すいめん》が見《み》えないくらい、びっしり人《ひと》がういてたなんて。」

その川《かわ》をわたって、慰霊碑《いれいひ》にお参《まい》りしてから、まず平和記念《へいわきねん》資料館《しりょうかん》に向《む》かった。

※慰霊碑《いれいひ》…死者《ししゃ》の霊《れい》をなぐさめるための石碑《せきひ》。

（令和二年度版　光村図書　国語五　銀河　朽木《くつき》 祥《しょう》）

1

(1) ㋐秋《あき》の空《そら》は高《たか》く…空《そら》の色《いろ》がうつっていた。とありますが、綾《あや》はこの様子《ようす》を見《み》て、どんな景色《けしき》だと感《かん》じていますか。

明るくて晴れ晴れとした景色《けしき》。

(2) ㋑ここにあるものは、何《なん》ですか。文中《ぶんちゅう》の言葉《ことば》で書《か》きましょう。

ほね組みがむきだしのドーム。

2

㋒信《しん》じられないよな。について答《こた》えましょう。

① だれが言《い》った言葉《ことば》ですか。

お兄ちゃん

② 何《なに》が信《しん》じられないというのですか。文中《ぶんちゅう》の言葉《ことば》で書《か》きましょう。

目《め》の前《まえ》に流《なが》れる川《かわ》の 水面が見えないくらい、びっしり人がういてた なんてこと。

67頁

たずねびと (2)

名前

● 次《つぎ》の文章《ぶんしょう》を二回《にかい》読《よ》んで、答《こた》えましょう。

1

［広島《ひろしま》に行《い》った綾《あや》と兄《あに》の二人《ふたり》は、平和記念資料館《へいわきねんしりょうかん》に向《む》かった。］

資料館《しりょうかん》を半分《はんぶん》も見《み》て回《まわ》らないうちに、わたしは頭《あたま》がくらくらしてきた。何《なに》もかも信《しん》じられないことばかりだった。

※くらくら…めまいがしてたおれそうなようす。

2

だけど、陳列《ちんれつ》ケースにならべられた、ご飯《はん》が炭化《たんか》した弁当箱、くにゃりととけてしまったガラスびん、八時十五分で止まったうで時計《どけい》が、そして焼けただれた三輪車や石段に残る人の形のかげが、

「本当《ほんとう》なんです。あなたは知《し》らなかったの。」と問《と》いかけてくるような気《き》がした。原爆《げんばく》の閃光《せんこう》や熱風《ねっぷう》、四千度《よんせんど》もの熱《ねつ》のせいで、この持《も》ち主《ぬし》たちは、ほとんどみんな死《し》んでしまったのだ。

――たった一発《いっぱつ》の爆弾《ばくだん》で、こんなひどいことになるなんて。

（令和二年度版　光村図書　国語五　銀河　朽木《くつき》 祥《しょう》）

1

資料館《しりょうかん》を見《み》て回《まわ》るうちに、「わたし（綾《あや》）」は、どうなりましたか。

何《なに》もかも 信じられない ことばかりで、頭《あたま》が くらくら してきた。

2

(1) 綾《あや》が資料館《しりょうかん》の陳列《ちんれつ》ケースで見《み》たものを五《いつ》つ見《み》つけて、上《うえ》の文章《ぶんしょう》に――線《せん》を引《ひ》きましょう。

(2) 綾《あや》は、陳列《ちんれつ》ケースで見《み》たものが、何《なん》と言《い》って問《と》いかけてくるように感《かん》じられましたか。文中《ぶんちゅう》から書《か》き出《だ》しましょう。

本当なんです。あなたは知らなかったの。

(3) 綾《あや》は、原爆《げんばく》のせいで起《お》こったことを資料館《しりょうかん》で見《み》て、どのように思《おも》いましたか。

たった一発《いっぱつ》の爆弾《ばくだん》で こんなひどいこと になるなんて。

68 頁

たずねびと (3)

名前

● 教科書《きょうかしょ》の「たずねびと」の全文《ぜんぶん》を読《よ》んだ後《あと》、次《つぎ》の文章《ぶんしょう》を二回《にかい》読《よ》んで、答《こた》えましょう。

1

［資料館《しりょうかん》の展示《てんじ》の説明板《せつめいばん》には「この年《とし》の終《お》わりまでには約十四万人《やくじゅうよんまんにん》の人《ひと》がなくなりました」とあった。］

㋐「十四万人《じゅうよんまんにん》なんて、想像《そうぞう》できないよ。」

㋑「――綾《あや》の小学校《しょうがっこう》って、今《いま》、全校《ぜんこう》で何人《なんにん》だっけ。」

㋒「一学年《いちがくねん》が百人《ひゃくにん》ちょっとだから、七百人《ななひゃくにん》もいないかなあ。」

㋓「じゃ、その何倍《なんばい》くらいか考《かんが》えてみたら。どんなに大勢《おおぜい》か、分《わ》かるだろ。」

2

わたしは、朝礼《ちょうれい》のときの校庭《こうてい》を思《おも》いうかべた。ずらっとならんだ頭《あたま》、頭《あたま》、頭《あたま》。

――十四万人《じゅうよんまんにん》って、校庭《こうてい》の頭《あたま》の数《かず》の二百倍《にひゃくばい》だ。小学校《しょうがっこう》二百校《にひゃくこう》分《ぶん》ってこと。そんなにたくさんの人《ひと》が、たった一発《いっぱつ》の爆弾《ばくだん》のせいで、この世《よ》からいなくなってしまったなんて。

（令和二年度版　光村図書　国語五　銀河　朽木《くつき》　祥《しょう》）

1

(1) 上《うえ》の㋐～㋓は、綾《あや》とお兄《にい》ちゃんの会話《かいわ》です。それぞれ、だれが言《い》った言葉《ことば》ですか。「あや」、または「兄《あに》」と書《か》いて答《こた》えましょう。

㋐［あや］　㋑［兄］

㋒［あや］　㋓［兄］

(2) 綾《あや》は、何《なに》を想像《そうぞう》できないと言《い》っていますか。一《ひと》つに○をつけましょう。

（　）爆弾《ばくだん》で人《ひと》がなくなること。

（○）十四万人《じゅうよんまんにん》という数《かず》。

（　）綾《あや》の小学校《しょうがっこう》の全校人数《ぜんこうにんずう》。

2

(1) 「わたし（綾《あや》）」は、十四万人《じゅうよんまんにん》を想像《そうぞう》するために、まず、何《なに》を思《おも》いうかべましたか。

［小学校《しょうがっこう》の 朝礼 のときの校庭《こうてい》。］

(2) 「わたし（綾《あや》）」が、十四万人《じゅうよんまんにん》を想像《そうぞう》しようとして分《わ》かったことは、どんなことでしたか。

［十四万人《じゅうよんまんにん》とは、校庭《こうてい》の 頭の数 の 二百 倍《ばい》もの人数《にんずう》だということ。］

69 頁

たずねびと (4)

名前

● 教科書《きょうかしょ》の「たずねびと」の全文《ぜんぶん》を読《よ》んだ後《あと》、次《つぎ》の文章《ぶんしょう》を二回《にかい》読《よ》んで、答《こた》えましょう。

1

［綾《あや》たちは、名前《なまえ》しか分《わ》からない人《ひと》が供養《くよう》されているという場所《ばしょ》を教《おし》えてもらい、やって来《き》た。］

原爆供養塔《げんばくくようとう》は、小山《こやま》のように大《おお》きな土《ど》まんじゅうだった。しばが植《う》えてあって、てっぺんには小《ちい》さな石《いし》の塔《とう》が建《た》ててあった。

二人《ふたり》で手《て》を合《あ》わせていたら、聞《き》いていたとおり、小《ちい》さなおばあさんがそばに寄《よ》ってきた。手《て》には、ほうきとちりとりを持《も》っていた。

おばあさんは、わたしたちがきくより先《さき》に㋐口《くち》を開《ひら》いた。

※土《ど》まんじゅう…土《つち》をまんじゅうのように小高《こだか》くもり上《あ》げて作《つく》った、おはか。

2

供養塔《くようとう》の土《ど》まんじゅうの下《した》には部屋《へや》があって、身元《みもと》の分《わ》からない、およそ七万人《ななまんにん》の人々《ひとびと》のお骨《こつ》と、名前《なまえ》だけ分《わ》かっている八百人余《はっぴゃくにんあま》りの人々《ひとびと》のお骨《こつ》がおさめてあるという。

八百人余《はっぴゃくにんあま》り――ポスターからメモに取《と》った数《かず》だった。

※身元《みもと》…その人《ひと》の氏名《しめい》、住所《じゅうしょ》、生《う》まれなど。
※お骨《こつ》…死《し》んだ人《ひと》のほね。

（令和二年度版　光村図書　国語五　銀河　朽木《くつき》　祥《しょう》）

1

(1) 原爆供養塔《げんばくくようとう》のてっぺんに建《た》ててあったものは、何《なん》ですか。
（習《なら》っていない漢字《かんじ》は、ひらがなで書《か》きましょう。）

［(小さな)石の塔］

(2) 二人《ふたり》が原爆供養塔《げんばくくようとう》に手《て》を合《あ》わせていたとき、そばに寄《よ》ってきたのは、だれですか。

［(小さな)おばあさん］

(3) ㋐口《くち》を開《ひら》いたとは、どんな意味《いみ》ですか。○をつけましょう。

（○）話《はな》し始《はじ》めた。

（　）しんこきゅうした。

2

原爆供養塔《げんばくくようとう》の土《ど》まんじゅうの下《した》におさめられているものは、何《なん》ですか。
（習《なら》っていない漢字《かんじ》は、ひらがなで書《か》きましょう。）

［原爆《げんばく》でなくなった、身元 の分《わ》からない約七万人《やくななまんにん》の人々《ひとびと》の お骨 と、名前 だけ分《わ》かっている八百人余《はっぴゃくにんあま》りの人々《ひとびと》の お骨 。］

70 頁

たずねびと (5)

名前

● 次《つぎ》の文章《ぶんしょう》を二回《にかい》読《よ》んで、答《こた》えましょう。

1

［綾《あや》たちは、原爆供養塔《げんばくくようとう》にいたおばあさんから、供養塔《くようとう》には、身元《みもと》の分《わ》からない人《ひと》や名前《なまえ》だけ分《わ》かっている人《ひと》のお骨《こつ》がおさめてあるときいた。］

「ここにさえ入《い》れられんかった人《ひと》も、ようけい（たくさん）おりますが。あとかたものう（なく）焼《や》かれたり、川《かわ》を流《なが》されていってしもうたり。㋐数《かず》にも数《かぞ》えられん。」とおばあさんは㋑切《せつ》なそうになげいた。

「せめて名前《なまえ》の分《わ》かっとる人《ひと》らは、いつかだれかがむかえに来《き》てくれはせんかと、市《し》もわたしらもずっとさがしとります。むかえが来《き》て、家族《かぞく》のところにもどった仏《ほとけ》さんもおらんことはないが――。」

※あとかたもなく…なんのあとも残《のこ》さずに。
※仏《ほとけ》さん…死《し》んだ人《ひと》のこと。

2

「何十年《なんじゅうねん》も、だれにもむかえに来《き》てもらえないなんて、どうしてなんですか。」

「もしかしたら、家族《かぞく》もみんなぎせいになったのかもしれんね。じゃが（だけど）、今《いま》でも、どこぞで帰《かえ》りを待《ま》っとる人《ひと》もあるかもしれんと、㋒望《のぞ》みはすてずにおりますがの。」

（令和二年度版　光村図書　国語五　銀河　朽木《くつき》　祥《しょう》）

1

(1) ㋐数《かず》にも数《かぞ》えられん。とは、どういう意味《いみ》ですか。○をつけましょう。

（　）供養塔《くようとう》に入《い》れられなかった人《ひと》は、ほとんどいない。

（○）供養塔《くようとう》に入《い》れられなかった人《ひと》は、なくなった人《ひと》のお骨《こつ》の数《かず》としても記録《きろく》されていない。

(2) ㋑切《せつ》なそうになげいた。とは、どんな意味《いみ》ですか。○をつけましょう。

（○）つらく悲《かな》しそうに言《い》った。

（　）いかりをぶつけて言《い》った。

(3) おばあさんは、どんな人《ひと》のお骨《こつ》ならむかえが来《き》てくれるかもしれないと期待《きたい》していますか。文中《ぶんちゅう》の言葉《ことば》で書《か》きましょう。

［名前の分かっとる人(ら)］

2

おばあさんは、どんな㋒望《のぞ》みをもっていますか。

［今《いま》でも、どこかで、お骨《こつ》の 帰り を待《ま》っている人《ひと》がいて、その人《ひと》が むかえ に来《き》てくれるのではないかという望《のぞ》み。］

71 頁

たずねびと (6)

名前

● 次《つぎ》の文章《ぶんしょう》を二回《にかい》読《よ》んで、答《こた》えましょう。

1

［綾《あや》たちは、原爆供養塔《げんばくくようとう》でおばあさんから話《はなし》をきいた。］

「――あの、ポスターにね、わたしと名前《なまえ》が同《おな》じ女《おんな》の子《こ》がいたんです。わたし、クスノキアヤっていうんですけど。」

㋐おばあさんの顔《かお》がぱっとかがやいた。お兄《にい》ちゃんがあわてた様子《ようす》で付《つ》け足《た》した。

「遺族《いぞく》とか、知《し》り合《あ》いとかじゃないんです。ただ年《ねん》れいまでいっしょだったから、妹《いもうと》がすごく心《こころ》に残《のこ》ったみたいで――。」

※遺族《いぞく》…死《し》んだ人《ひと》のあとに残《のこ》された家族《かぞく》、親族《しんぞく》。

2

それを聞《き》くと、㋑おばあさんはだまりこんでしまった。

わたしはこまってお兄《にい》ちゃんを見《み》た――おばあさんをがっかりさせてしまったにちがいないと思《おも》ったのだ。

だが、そうではなかった。

おばあさんは、ほうきとちりとりをわきに置《お》くと、しゃがんで供養塔《くようとう》に手《て》を合《あ》わせ、こう言《い》ったのだ。

「アヤちゃん、よかったねえ。もう一人《ひとり》のアヤちゃんがあなたに会《あ》いに来《き》てくれたよ。」

（令和二年度版　光村図書　国語五　銀河　朽木《くつき》　祥《しょう》）

1

(1) ㋐おばあさんの顔《かお》がぱっとかがやいた。のは、なぜだと考《かんが》えられますか。○をつけましょう。

（　）綾《あや》の話《はなし》がおもしろかったから。

（○）綾《あや》たちのことを、むかえにきた遺族《いぞく》か知《し》り合《あ》いだと思《おも》ったから。

(2) ㋐おばあさんの顔《かお》がぱっとかがやいたのを見《み》て、お兄《にい》ちゃんはどんな様子《ようす》で言葉《ことば》を付《つ》け足《た》しましたか。

［あわてた様子］

2

㋑おばあさんはだまりこんでしまった。について答《こた》えましょう。

① おばあさんの様子《ようす》を見《み》て、綾《あや》はどんなことを思《おも》いましたか。文中《ぶんちゅう》の言葉《ことば》で書《か》き出《だ》しましょう。

［おばあさんをがっかりさせてしまったにちがいない］

② おばあさんは、どんな気持《きも》ちだったのですか。○をつけましょう。

（○）綾《あや》が、なくなったアヤちゃんに会《あ》いに来《き》てくれてうれしい。

（　）綾《あや》が、アヤちゃんの遺族《いぞく》ではないと分《わ》かって悲《かな》しい。

本書の解答は，あくまでもひとつの例です。児童に取り組ませる前に，必ず指導される方が問題を解いてください。指導される方の作られた解答をもとに，児童の多様な考えに寄り添って○つけをお願いします。

72頁

たずねびと (7)

名前

● 次《つぎ》の文章《ぶんしょう》を二回《にかい》読《よ》んで、答《こた》えましょう。

1

おばあさんは、綾《あや》たちの話《はなし》をきくと、供養塔《くようとう》に手《て》を合《あ》わせ、「もう一人《ひとり》のアヤちゃんがあなたに会《あ》いに来《き》てくれたよ。」と言《い》った。

やがておばあさんは顔《かお》を上《あ》げると、しわだらけの顔《かお》いっぱいに、もっとしわをきざんでわたしに笑《わら》いかけた。㋐目《め》には光《ひか》るものがあったので、泣《な》き笑《わら》いみたいな表情《ひょうじょう》だった。

「この楠木《くすのき》アヤちゃんの夢《ゆめ》やら希望《きぼう》やらが、あなたの夢《ゆめ》や希望《きぼう》にもなって、かなうとええねえ。元気《げんき》で長《なご》う生《い》きて、幸《しあわ》せにおくらしなさいよ。」

㋑わたしははずかしくなって下《した》を向《む》いてしまった。そんなことは考《かんが》えたこともなかったからだ。

※しわをきざんで…しわだらけにして。

2

別《わか》れぎわ、小《ちい》さなおばあさんは見上《みあ》げるようにしてわたしの手《て》を取《と》った。

「どうか、この子《こ》のことを、アヤちゃんのことを、ずっとわすれんでおってね。」

（令和二年度版　光村図書　国語五　銀河　朽木《くつき》　祥《しょう》）

1

(1) ㋐目《め》には光《ひか》るものがあったとありますが、おばあさんの目《め》にあったものは、何《なん》でしたか。○をつけましょう。

（○）なみだ　（　）あせ

(2) おばあさんが「わたし（綾《あや》）」に言《い》った言葉《ことば》には、どんな願《ねが》いがあると考《かんが》えられますか。○をつけましょう。

（　）綾《あや》に、楠木《くすのき》アヤちゃんの遺族《いぞく》や知《し》り合《あ》いを何とか見《み》つけてほしいという願《ねが》い。

（○）綾《あや》に、楠木《くすのき》アヤちゃんの分《ぶん》も、夢《ゆめ》や希望《きぼう》をかなえて、幸《しあわ》せになってほしいという願《ねが》い。

(3) ㋑「わたし（綾《あや》）」が、はずかしくなって下《した》を向《む》いてしまったのは、なぜですか。

おばあさんが言《い》ったようなことは、

考えたこともなかった

から。

2

おばあさんが、最後《さいご》に、綾《あや》にお願《ねが》いしたのは、どんなことでしたか。

（例）

アヤちゃんのことをずっとわすれないで

いてほしいということ。

72

73頁

たずねびと (8)

名前

● 次《つぎ》の文章《ぶんしょう》を二回《にかい》読《よ》んで、答《こた》えましょう。

1

秋《あき》の日《ひ》は短《みじか》くて日《ひ》がしずみかけていた。川土手《かわどて》をゆっくり歩《ある》いて橋《はし》に向《む》かった。

静《しず》かに流《なが》れる川《かわ》、

夕日《ゆうひ》を受《う》けて赤《あか》く光《ひか》る水《みず》。

わたしはらんかんにもたれた。

お兄《にい》ちゃんもせかさなかった。

㋐昼過《ひるす》ぎに、この橋《はし》をわたったときには、きれいな川《かわ》はきれいな川《かわ》でしかなかった。ポスターの名前《なまえ》が、ただの名前《なまえ》でしかなかったように。

※らんかん…橋《はし》のさくの部分《ぶぶん》。手《て》すり。
※もたれた…よりかかった。
※せかす…急《いそ》がせる。

2

資料館《しりょうかん》で読《よ》んだ説明《せつめい》が思《おも》い出《だ》された――この辺りは、元はにぎやかな町だった。町には多くの人々がくらしていた。だが、あの朝、一発の爆弾が町も人《ひと》も、この世から消してしまった。

（令和二年度版　光村図書　国語五　銀河　蜂飼《はちかい》　耳《みみ》）

1

(1) 「わたし（綾《あや》）」が橋《はし》から見《み》た川《かわ》は、どんな様子《ようす》でしたか。文中《ぶんちゅう》から一文《いちぶん》を書《か》き出《だ》しましょう。

静かに流れる川、夕日を受けて赤く光る水。

(2) ㋐昼過《ひるす》ぎに、この橋《はし》をわたったとき、綾《あや》は、川《かわ》についてどのように考《かんが》えていましたか。文中《ぶんちゅう》の言葉《ことば》で書《か》き出《だ》しましょう。

きれいな川はきれいな川でしかなかった。

2

(1) 綾《あや》が、橋《はし》の上《うえ》で思《おも》い出《だ》していたのは、どこで読《よ》んだ説明《せつめい》ですか。

資料館

(2) 綾《あや》が思《おも》い出《だ》していたのは、どんなことを説明《せつめい》していたものでしたか。文中《ぶんちゅう》のあてはまる部分《ぶぶん》に――線《せん》を引《ひ》きましょう。

73

74頁

漢字《かんじ》の読《よ》み方《かた》と使《つか》い方《かた》（一《ひと》つの漢字《かんじ》にいろいろな音《おん》）(1)

名前

(1) 次《つぎ》の文中《ぶんちゅう》の――線《せん》の漢字《かんじ》の読《よ》み方《かた》で、正《ただ》しいほうに○をつけましょう。

① みんなで音読をする。
（○）おんどく　（　）おんとく

② 祖父《そふ》が学《まな》んだ読本を借《か》りる。
（　）どくほん　（○）とくほん

③ 明後日に発表会《はっぴょうかい》がある。
（○）みょうごにち　（　）めいごじつ

④ 工場《こうじょう》について説明を聞《き》く。
（　）せつみょう　（○）せつめい

(2) ――線《せん》の同《おな》じ漢字《かんじ》の読《よ》み方《かた》に気《き》をつけて、次《つぎ》の言葉《ことば》の読《よ》み方《かた》を書《か》きましょう。

① 人間　**にんげん**　　時間　**じかん**

② 本名　**ほんみょう**　　名案　**めいあん**

③ 正直　**しょうじき**　　直接　**ちょくせつ**

④ 日時　**にちじ**　　休日　**きゅうじつ**

74

75頁

漢字《かんじ》の読《よ》み方《かた》と使《つか》い方《かた》（一《ひと》つの漢字《かんじ》にいろいろな音《おん》）(2)

名前

(1) 次《つぎ》の――線《せん》の漢字《かんじ》と同《おな》じ読《よ》み方《かた》をするものを見《み》つけます。まず、㋐、㋑の言葉《ことば》の読《よ》み方《かた》を□に書《か》き、それから、――線《せん》が同《おな》じ読《よ》み方《かた》をするほうに○をつけましょう。

① 名人《めいじん》
㋐ 大名　**だいみょう**　（　）
㋑ 題名　**だいめい**　（○）

② 正式《せいしき》
㋐ 公正　**こうせい**　（○）
㋑ 正月　**しょうがつ**　（　）

③ 名言《めいげん》
㋐ 発言　**はつげん**　（○）
㋑ 無言　**むごん**　（　）

(2) 〈例《れい》〉にならって、□にあてはまる漢字《かんじ》を□から選《えら》んで入《い》れ、四《よっ》つの熟語《じゅくご》を作《つく》りましょう。

〈例《れい》〉
題《だい》→名
本《ほん》→名→字《じ》
名→人《じん》

① 来《らい》→**日**
本《ほん》→**日**→曜《よう》
日→時《じ》

② 予《よ》→**言**
方《ほう》→**言**←伝《でん》
言→語《ご》

言・日

75

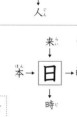

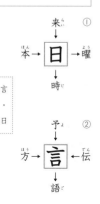

76頁

漢字《かんじ》の読《よ》み方《かた》と使《つか》い方《かた》（特別《とくべつ》な読《よ》み方《かた》をする漢字《かんじ》）(3)

名前

(1) 次《つぎ》の特別《とくべつ》な読《よ》み方《かた》をする漢字《かんじ》で、正《ただ》しい読《よ》み方《かた》のほうに○をつけましょう。

① 一日　（　）いつか　（○）ついたち

② 二人　（　）ににん　（○）ふたり

③ 上手　（○）じょうず　（　）じょうて

④ 下手　（　）したて　（○）へた

⑤ 清水　（　）せいすい　（○）しみず

⑥ 七夕　（○）たなばた　（　）しちゆう

(2) 次《つぎ》の――線《せん》は、特別《とくべつ》な読《よ》み方《かた》をする漢字《かんじ》です。（　）に読《よ》み方《かた》を書《か》きましょう。

① 部屋で本《ほん》を読《よ》む。（へや）

② 時計を見《み》る。（とけい）

③ 大人と子《こ》ども。（おとな）

④ 果物を買《か》う。（くだもの）

⑤ まどから景色を見《み》る。（けしき）

77頁

漢字《かんじ》の読《よ》み方《かた》と使《つか》い方《かた》（特別《とくべつ》な読《よ》み方《かた》をする漢字《かんじ》）(4)

名前

(1) 次《つぎ》の言葉《ことば》は、特別《とくべつ》な読《よ》み方《かた》をする言葉《ことば》です。読《よ》み方《かた》を書《か》きましょう。

① 今日　きょう

② 昨日　きのう

③ 今朝　けさ

④ 明日　あす

⑤ 今年　ことし

(2) 次《つぎ》の――線《せん》は、特別《とくべつ》な読《よ》み方《かた》をする漢字《かんじ》です。（　）に読《よ》み方《かた》を書《か》きましょう。

① 八百屋で野菜《やさい》を買《か》う。（やおや）

② 父《ちち》は眼鏡をかけている。（めがね）

③ 妹《いもうと》が本屋《ほんや》で迷子になった。（まいご）

④ 川原で魚《さかな》をつる。（かわら）

⑤ 博士はいつも研究室《けんきゅうしつ》にいる。（はかせ）

喜楽研の支援教育シリーズ

ゆっくり　ていねいに学べる

国語教科書支援ワーク 5-①

光村図書の教材より抜粋

2023年3月1日

原稿検討：中村　幸成
イラスト：山口　亜耶　他
表紙イラスト：鹿川　美佳
表紙デザイン：エガオデザイン
企画・編著：原田　善造・あおい　えむ・今井　はじめ・さくら　りこ・中田　こういち
なむら　じゅん・ほしの　ひかり・堀越　じゅん・みやま　りょう（他4名）
編集担当：中川　瑞枝

発行者：岸本　なおこ
発行所：喜楽研（わかる喜び学ぶ楽しさを創造する教育研究所：略称）
〒604-0827　京都府京都市中京区高倉通二条下ル瓦町 543-1
TEL 075-213-7701　FAX 075-213-7706　HP https://www.kirakuken.co.jp
印刷：株式会社米谷

ISBN：978-4-86277-393-7

Printed in Japan

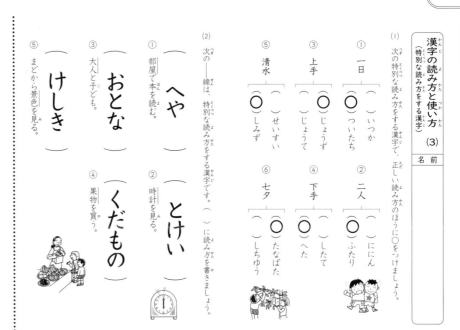